수돗물을 생수병에 담으면
얼마에 팔 수 있을까?

수돗물을 생수병에 담으면
얼마에 팔 수 있을까?

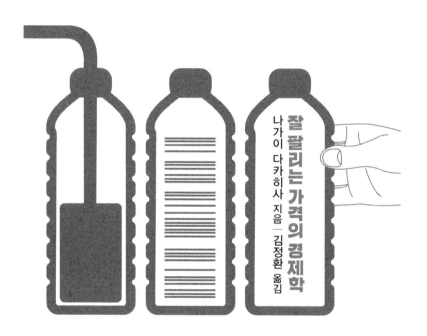

잘 팔리는 가격의 경제학

나가이 다카히사 지음 — 김정환 옮김

토트

아무리 애를 써도 수익이 나지 않는 이유는 가격전략이 없기 때문이다

이 책을 쓴 이유는 가격전략의 중요성을 모르는 사람이 너무 많기 때문이다. 비즈니스 현장에서 나는 이런 말을 수도 없이 들었다.

"도무지 팔리지 않네……. 가격을 내려 볼까?"

"수익이 너무 없네. 가격을 올려 봐야겠어."

그랬다가는 장기적으로 봤을 때 더욱 안 팔리게 될 것이 거의 틀림없다. '팔리지 않는다'고 가격을 내리면 일시적으로는 조금 더 팔릴지라도 조만간 팔리지 않게 된다. '수익이 적다'는 이유만으로 가격을 올리면 고객은 점점 이탈한다.

그러나 '가격전략'이라고 하면 왠지 어렵게 생각되는지 무작정 거부감을 느끼는 사람이 많은 것도 현실이다. 그런 모습을 볼 때마다 안타까움을 느낀다. 가격전략의 개념은 비즈니스에 도움이 될 뿐만 아니라 무엇보다도 재미있기 때문이다. 그래서 누구라도 가격전략의 개념을 이해할 수 있도록 정리한 것이 이 책이다. 읽기 시작하면 단숨에 마지막까지 즐겁게 읽을 수 있도록 썼다. 재미와 최신 마케팅 전략 이론·행동경제학의 본격적인 지식을 양립시키려고 노력했다.

비즈니스에서 수익을 내느냐 내지 못하느냐는 가격전략에 달려 있다. 아무리 열심히 일해도 가격전략을 그르치면 수익을 낼 수 없다. 그러나 가격전략을 이해하면 즐겁게 돈을 벌 수 있게 된다.

이 책을 읽으면 소비자가 가격에 어떻게 반응하는지, 그리고 어떻게 가격전략을 수립해야 할지 감을 잡을 수 있을 것이다.

나가이 다카히사

차례

| INTRO |

수돗물과 같은 맛인데
100엔이나 하는 생수를 사는 이유

행동경제학과 가격전략

도쿄 수돗물로 청주를 빚는다고!?

외출 중에 목이 마르면 나는 편의점에 들어가 생수를 산다.

"아아, 시원하다!"

목이 마를 때 마시는 생수는 말 그대로 청량감을 가져다준다. 그런데 이 생수의 맛이 수도꼭지를 틀면 나오는 거의 공짜 수준의 수돗물과 전혀 다르지 않다면 여러분은 어떻게 하겠는가?

실제로 그런 조사 결과가 있다. 도쿄 도 수도국의 '도쿄 물맛 비교 캠페인'이다. 매년 수만 명을 대상으로 블라인드 테스트를 실시해 그 결과를 공표하는데, 약 3만 명이 참가한 2017년의 결과는 다음 페이지와 같았다. 숫자상으로 차이가 거의 없었던 것이다. 그런데 사실 이것은 2017년 만의 특수한 결과가 아니라 매년 이어지고 있는 경향이다.

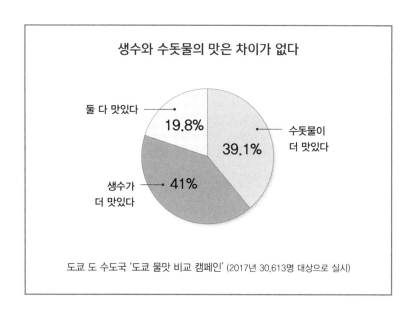

생수와 수돗물의 맛은 차이가 없다

둘 다 맛있다 19.8%

수돗물이 더 맛있다 39.1%

생수가 더 맛있다 41%

도쿄 도 수도국 '도쿄 물맛 비교 캠페인' (2017년 30,613명 대상으로 실시)

편의점에서 파는 생수 500㎖의 가격은 아무리 싸도 100엔은 한다. 한편 수돗물 500㎖의 가격은 대략 0.1엔 정도일 것이다. 일반적으로 우리는 품질에 차이가 없는데 1,000배나 비싼 물건을 사지는 않는다. 그러나 물의 경우는 맛에 차이가 없음에도 굳이 생수를 사서 마신다.

물론 이렇게 생각하는 사람도 많을 것이다.

'하지만 수돗물에는 발암 물질인 트리할로메탄이 들어 있어서 불안하단 말이지. 염소 냄새도 나고 말이야.'

그러나 이것은 선입견일 뿐이다. 지금의 수돗물은 안전하다. 성분 측면에서도 문제가 없다. 실제로 수돗물을 사용해서 술을 빚는 양조장이 있다. 도쿄 미나토 구 시바에 위치한 '도쿄 미나토 양조'다. 4층

건물에 자리하고 있는 이 양조장은 4층에서 쌀 씻기(세미)·쌀 찌기(증미) → 3층과 2층에서 술 빚기 → 1층에서 병에 담기의 흐름으로 매끄럽게 작업을 진행하는데, 술을 빚을 때 도쿄 도의 수돗물을 사용한다. 이에 대해 도지(양조장 우두머리)는 "수돗물은 술을 빚기에 적합한 특성을 지니고 있습니다. 도쿄의 물은 훌륭한 술맛을 완성시켜 주지요"라고 말했다. 도쿄의 수돗물은 중경수(中硬水)여서 물맛이 좋기로 유명한 교토 후시미의 물(역시 중경수다)을 사용했을 때와 마찬가지로 부드러운 맛을 낸다는 것이다. 그래서 인근 주민들 사이에서도 술맛에 대한 호평이 자자하다. 도지라고 하면 쌀과 물의 전문가인데, 그런 전문가가 "수돗물이 맛있다"라고 말하는 것이다.

그런데 생각해 보자. 이 충격적인 사실을 알게 된 여러분은 이제 500㎖에 100엔이나 하는 생수 대신 공짜나 다름없는 수돗물을 마시게 될까? 솔직히 말하면 나는 이 사실을 안 뒤에도 변함없이 생수를 사서 "아아, 물맛 좋다!"라며 마시고 있다. 수도꼭지에서 나오는 수돗물을 마실 생각은 좀처럼 들지 않는다. 아마 여러분도 그럴 것이다.

왜 우리는 맛의 차이가 전혀 없음에도 굳이 편의점까지 가는 수고를 들여서 수돗물보다 1,000배나 비싼 생수를 사는 것일까?

사람의 마음을 숫자에 묶어 놓는 '앵커링 효과'

아무리 생각해도 이 현상이 합리적으로 보이지 않는다. 생수를 사는 사람도 '합리적이지는 않지'라고 생각하지만, 행동이 달라지지도 않는다.

왜 그럴까? 그 수수께끼를 풀기 위한 실마리가 있다. 바로 '행동경제학'이다. 생수의 예처럼 사람은 합리적으로 행동하지 않을 때가 매우 많다. 건강에 나쁜 줄 알면서도 담배를 끊지 못하고, 비만의 적임을 알면서도 아이스크림 한 통을 깔끔하게 비운다. 그러나 기존의 경제학은 '인간은 언제나 합리적으로 생각하고 행동한다'라는 전제로 이론을 구축했기 때문에 '합리적이지 않은' 인간의 행동을 설명하지 못했다. 가령 인류의 역사를 되돌아보면 사람들이 버블로 가격이 폭등한 땅이나 주식에 열광하며 큰돈을 투자했다가 큰 손해를 본 사례가 얼마든지 있는데, 기존의 경제학으로는 이 현상을 설명할 수가 없었다.

그래서 합리적이지 않은 인간의 행동을 밝혀내려는 학문이 '행동경제학'이다. 2002년에 행동경제학자인 대니얼 카너먼(Daniel Kahneman)이 노벨 경제학상을 받으면서 널리 알려지기 시작했는데, 행동경제학을 이해하면 가격에 대한 소비자의 행동도 이해할 수 있게 된다.

생수 문제는 카너먼이 실험으로 실증한 행동경제학의 '앵커링 효과'에 입각해서 생각하면 이해할 수 있다. '앵커'는 배의 '닻'이며, '앵

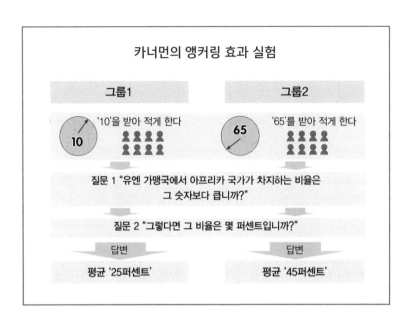

커링'은 '닻을 내린다'는 의미다. 요컨대 '앵커링 효과'란 닻처럼 사람의 마음이 어떤 숫자에 묶이는 효과다.

카너먼은 이런 실험을 했다. 학생들을 모아서 두 그룹으로 나누고, 각각 복권 당첨 번호를 결정할 때 사용하는 회전식 원반을 돌려서 나온 번호를 받아 적게 했다. 참고로 첫 번째 그룹의 원반은 반드시 10에서, 두 번째 그룹의 원반은 반드시 65에서 멈추도록 조작되어 있었다. 그리고 학생들에게 두 가지 질문을 했다.

질문 1 : 유엔 가맹국에서 아프리카 국가가 차지하는 비율은 그 숫자보다 큽니까?

질문 2 : 그렇다면 그 비율은 몇 퍼센트입니까?

물론 질문 2는 원반을 돌려서 나온 숫자와는 아무런 상관이 없다. 그러나 실험에서는 질문 2에 대한 답변이 명확하게 나뉘었다.

'10'을 보여준 그룹의 평균은 25퍼센트, '65'를 보여준 그룹의 평균은 45퍼센트.

'에이, 말도 안 돼'라고 생각할지도 모르지만, 사실이다. 카너먼은 앵커링 효과라고 이름 붙인 이 현상에 대해 "사람은 처음 본 숫자의 영향을 무의식중에 크게 받는다"라고 설명했다.

이 앵커링 효과는 우리가 돈을 내고 생수를 사는 행동을 멈추지 못하는 이유를 밝혀내기 위한 힌트가 된다.

1980년대에는 생수가 보급되지 않았으며 수돗물을 마시는 것이 상식이었다. 당시 도쿄의 수돗물은 맛이 없었다. 1984년의 물맛 대회에서 도쿄의 물은 전국 12개 지역 중 최하위였다. 나는 시골에 가면 물이 너무 맛있어서 감격할 정도였다. 게다가 그 무렵에는 상수원 부근의 공장 폐수 문제가 언론에서 크게 보도되어 사람들이 '수돗물에는 발암 물질인 트리할로메탄이 들어 있어서 위험하다'고 생각하게 되었다.

그런 가운데 1990년대에 '안전하고 맛있는 물'로서 생수가 등장, 보급되기 시작했다. 이후 사람들은 '페트병에 든 생수는 맛있고 안전하다', '공짜나 다름없는 수돗물은 맛없고 위험하다'고 생각하게 되

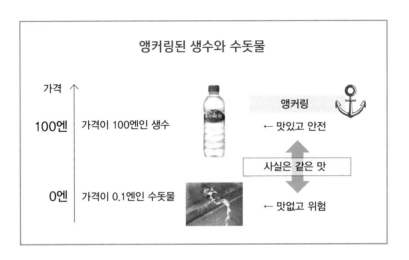

앵커링된 생수와 수돗물

가격

100엔 ── 가격이 100엔인 생수

앵커링

← 맛있고 안전

사실은 같은 맛

0엔 ── 가격이 0.1엔인 수돗물

← 맛없고 위험

었고, 그 결과 한 병에 100엔이나 하는 생수가 우리 생활 속에 완전히 정착한 것이다.

한편 '맛없고 위험'하다는 평가를 받은 전국 각지의 수도국도 놀기만 한 것은 아니다. 가령 도쿄 도 수도국은 고도 정수 시설을 정비해 품질 향상에 힘썼고, 이제 수돗물은 블라인드 테스트에서도 생수와 차이가 없다고 평가받게 되었다.

그러나 일단 확산된 '수돗물은 맛없고 위험하다'는 이미지는 좀처럼 바뀌지 않는다. 젊은 사람들 중에는 수돗물을 마셔본 적이 없는데 수돗물은 맛이 없다고 생각하는 사람도 많다.

수도국으로서는 대위기다.

그러나 수도국은 이 위기를 기회로 바꿨다. 수돗물을 페트병에 담아서 판매한 것이다.

'도쿄수' 500㎖ 103엔(도쿄 도 수도국)

'하마코도시 The Water' 500㎖ 110엔(요코하마 시 수도국)

'사이타마 물' 475㎖ 110엔(사이타마 시 수도국)

마신 적이 있는 사람도 있을 터인데, 사실 이 제품들은 수돗물이다. '페트병에 담으면 물을 비싸게 팔 수 있음'을 안 수도국이 이것을 영리하게 이용한 것이다. 덕분에 수도국은 수돗물을 1,000배 비싼 가격에 팔 수 있게 되었다.

주변을 둘러보면 이런 앵커링 효과를 곳곳에서 발견할 수 있다.

100엔 짜리와 똑같은데 1,000엔에 팔리는 상품

동네에 100엔 숍이 많다. 생활에 필요한 대부분의 물건이 있는 가게다.

어느 날, 유리로 만든 식품 보존 용기가 진열되어 있었다. 스프링이 달려 있는, 밀폐가 가능한 제품이다. 디자인도 100엔짜리 치고는 상당히 세련되었다.

이 100엔 숍 근처에 고급 잡화점이 있는데, 잡화점에 들어간 나는 깜짝 놀랐다. 거의 똑같은 용기의 가격이 1,000엔이었던 것이다. 상품 설명에는 이렇게 적혀 있었다.

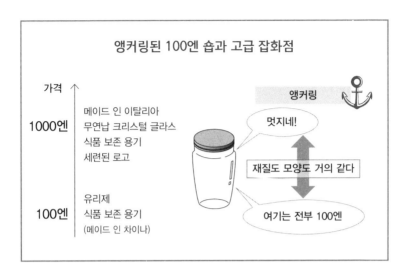

뚜껑을 제거할 수 있는 보존 용기. 100퍼센트 이탈리아제. '무연납(pb free) 크리스털 글라스' 사용. 유럽에서는 시리얼이나 토마토퓨레, 과일의 보존에 사용하거나 요구르트, 우유 등을 담는 용도로 사용하고 있습니다. 불쾌한 냄새가 배거나 변색되는 일이 적으며 끓는 물에 소독할 수 있어 위생적인 관리가 가능합니다.

분명히 100엔 숍에서 파는 '메이드 인 차이나'와는 달리 '메이드 인 이탈리아'다. 세련된 로고도 붙어 있다. 그러나 재질과 모양은 100엔 숍에서 파는 상품과 거의 차이가 없다.

놀라운 사실은 내가 그 잡화점에 있는 동안 "어머, 이거 예쁘네!" 라면서 그 용기를 구입하는 여성이 있었다는 것이다. 파는 장소가 다를 뿐 거의 같은 상품, 그것도 가격이 10배나 비싼 상품을 기꺼이 구입하는 고객이 있다.

이것도 '앵커링 효과'의 결과다. 100엔 숍에 온 고객은 '여기에 있는 상품은 전부 100엔'이라고 앵커링되어 가격을 고민하지 않고 덥석덥석 산다. 한편 고급 잡화점에 온 고객은 '여기는 세련된 고급 잡화점이니까 평균 1,000엔'이라고 앵커링되어 그 가격을 받아들이고 상품을 선택하는 것이다.

이처럼 소비자는 앵커링을 기준으로 상품의 품질과 가격을 판단한다. 앵커링을 효과적으로 활용하면 비싸게 팔 수 있다는 말이다. 그렇다면 이 앵커링을 어떻게 만들어야 할까? 이때 '먼저 고객에게 물어보자'라고 생각해서는 안 된다. 여러분이 스스로 생각해야 한다.

지금부터 그 이유를 설명하겠다.

버려지던 흑진주가 최고급 액세서리로
새롭게 태어난 이유

진주 중에서도 흑진주는 비싼 가격에 거래되고 있다. 그런데 처음에만 해도 흑진주는 쓰레기 취급을 받았다.

이탈리아의 어느 보석상이 폴리네시아의 산호섬을 사들였는데, 이 산호섬에는 흑접패(흑진주조개)가 서식하고 있었다. 보석상은 흑접패가 만들어낸 흑진주를 보고 '이거 잘하면 팔릴지도 모르겠어'라고 생각했다. 그러나 당시는 진주라고 하면 아름다운 하얀 진주가 당연시되던 시대였기에 처음에는 "색도 모양도 총알하고 똑같이 생긴 걸 누가 산단 말이오?"라는 비난을 받았으며, 당연히 전혀 팔리지 않았다.

곤란해진 보석상은 뉴욕 5번가에 있는 보석상 친구를 찾아가 조언을 구했다. 그리고 친구 가게의 쇼윈도에 비싼 가격표를 붙여 놓고 흑진주를 파는 한편, 명품 잡지에 전면 광고로 다이아몬드와 루비로 만든 브로치와 흑진주 목걸이가 함께 빛나는 사진을 실었다. 그러자 뉴욕의 유명 인사들이 흑진주를 착용하게 되었고, 이것이 계기가 되어 흑진주는 최고급 보석으로서 전 세계에 확산되었다. 전 세계에 '흑진주는 뉴욕의 유명 인사들이 착용하는 최고급품'이라는 앵커가 만들어진 것이다.

이 세상에 없었던 신제품의 경우, 소비자는 그 가격이 싼 것인지 비싼 것인지 판단하지 못한다. 이럴 때 고객에게 솔직하게 "얼마에 팔까요?"라고 물어보는 것은 어리석음의 극치다. 돈을 하수구에 버리는 것이나 다름없다. 이때 필요한 것은 '앵커를 만드는' 일이다. 직접 가격의 기준을 만드는 것이다.

'결혼반지의 적정 가격은 월급 3개월분'도
앵커링이었다

사람들은 흔히 '결혼 축의금은 친구라면 3만 엔이 기본'이라고 말한다. 그런데 이런 이야기를 들어 본 사람도 많을 것이다.

"결혼반지의 적정 가격은 월급 3개월분이다."

그러나 사실 이것은 고급 보석을 취급하는 드비어스의 마케팅 프로모션이었다. 결혼반지의 객관적인 적정 가격 같은 것은 원래 없었다. 이에 드비어스가 기준을 만들어냈고, 그 결과 결혼하는 커플들의 머릿속에 '결혼반지의 적정 가격은 월급 3개월분'이라는 앵커가 만들어져서 이 가격이 기준이 된 것이다.

드비어스가 이 프로모션을 실시한 시기는 1970년대부터 1980년대 후반까지다. 벌써 30년 전에 끝난 프로모션이지만, 요즘 젊은이들도 이것을 알고 있다. 일단 앵커가 널리 인지되면 그 앵커는 사회에 정착된다는 뜻이다.

여담이지만, 인기 가수 고 히로미(郷ひろみ)도 1987년에 니타니 유리에(二谷友里恵)와 결혼했을 때 연예 리포터가 결혼반지의 가격을 물어보자 "대략 제 3개월분 급여입니다"라고 대답했다고 한다.

새끼 오리는 태어나서 처음 본 대상을 어미라고 믿는 습성이 있다. 설령 그것이 로봇이라 해도 움직이는 로봇의 뒤를 아장아장 따라간다. 이것을 '각인'이라고 한다. 앵커링은 이 '각인'과 같은 것이다.

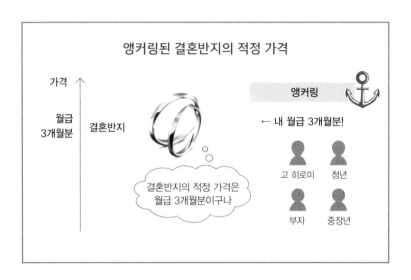

앵커링된 결혼반지의 적정 가격

가격

월급
3개월분

결혼반지

결혼반지의 적정 가격은
월급 3개월분이구나

앵커링

← 내 월급 3개월분!

고 히로미   청년

부자   중장년

소비자는 처음에 본 정보와 가격을 자기도 모르는 사이에 마음속에 각인시킨다. 이것은 새끼 오리가 처음에 본 대상을 어미로 각인하는 것과 마찬가지인 까닭에 좀처럼 바뀌지 않는다. 따라서 신상품을 발매할 때 처음부터 가격을 저렴하게 설정하는 것이 반드시 좋은 방책이라고는 말하기 어렵다. 처음에 보여준 저렴한 가격이 고객의 마음속에 각인되어 버리기 때문이다.

앞에서 소개한 예만 봐도 생수는 100엔, 100엔 숍에서 100엔인 용기가 고급 잡화점에서는 1,000엔, 흑진주는 최고급품, 결혼반지는 월급 3개월분 등으로 확실하게 앵커링되었다. 앵커링의 원리를 이해하지 않으면 좋은 상품을 만들어도 좀처럼 팔리지 않게 된다.

저가 상품 이미지임에도 가격을 올렸다가
손님이 끊긴 유니클로

장사 잘하기로 유명한 유니클로조차도 한때 이 함정에 빠진 적이 있다. 원래 유니클로는 일본의 의류 업계에 가격파괴를 불러온 선두 주자인데, 최근 들어서는 해외 유명 디자이너와 협업을 하고 신소재를 사용한 제품을 발매하는 등 고부가가치 전략도 모색하고 있다. 그리고 2015년에 일본 내 판매 가격을 10퍼센트 인상했다. 가격 승부에서 가치 승부로 대전환을 꾀한 것이다. 그러나 이 전략은 고객 수 14.6퍼센트 감소, 매출 11.9퍼센트 감소라는 대실패로 막을 내렸고, 결국 이듬해에 가격을 원래대로 되돌렸지만 고객 수는 회복되지 않았다.

유니클로는 '가격파괴를 불러온 선두 주자'라는 이미지가 너무나도 강했던 까닭에 많은 사람들의 머릿속에 '유니클로는 값싼 옷'이라는 앵커가 강하게 형성되어 있다. 그래서 가격을 올리기가 매우 어렵다. 가격파괴를 앞세워 비즈니스에 성공한 대가로 '저가품 이미지'가 정착된 것이다. 일본의 의류 업계를 제패한 유니클로조차도 시장에 정착된 '저가품 이미지'를 극복할 수는 없었다.

그래서 유니클로는 세계 전체로 사업을 확대한다는 방침으로 전환하고 세계 여러 지역 고객의 기대에 부응하려 하고 있다. 이미 해외에서는 유명 브랜드이며, '유니클로=값싼 옷'이라는 이미지가 없다. 그

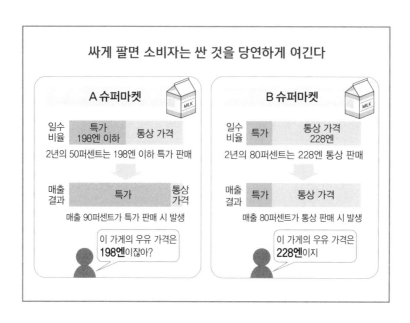

싸게 팔면 소비자는 싼 것을 당연하게 여긴다

A 슈퍼마켓

일수 비율 | 특가 198엔 이하 | 통상 가격

2년의 50퍼센트는 198엔 이하 특가 판매

매출 결과 | 특가 | 통상 가격

매출 90퍼센트가 특가 판매 시 발생

이 가게의 우유 가격은 198엔이잖아?

B 슈퍼마켓

일수 비율 | 특가 | 통상 가격 228엔

2년의 80퍼센트는 228엔 통상 판매

매출 결과 | 특가 | 통상 가격

매출 80퍼센트가 통상 판매 시 발생

이 가게의 우유 가격은 228엔이지

결과 유니클로의 해외 매출은 2018년에 자국 내 매출을 넘어섰다.

이와 같이 상품을 저렴한 가격에 팔면 소비자는 싼 가격에만 사려고 하게 된다. 어느 대학의 교수가 똑같은 우유를 슈퍼마켓 A와 B에서 다른 가격으로 2년 동안 판매한 결과를 분석했다. A슈퍼마켓에서는 이틀에 한 번 빈도로 198엔 이하에 특가 판매했는데, 그 결과 매출의 90퍼센트가 198엔 이하의 특가로 판매할 때 발생했다. 한편 B슈퍼마켓에서는 2년 중 80퍼센트의 기간을 통상 가격인 228엔에 판매했는데, 그 결과 매출의 80퍼센트가 통상 가격에 판매할 때 발생했다. 소비자는 'A슈퍼마켓의 우유는 198엔', 'B슈퍼마켓의 우유는 228엔'이라고 인식하게 되었던 것이다. '저렴한 가격'을 어필하면 소비자는 저렴한 가격을 당연하게 여겨서 저렴한 가격이 아니면 안 사게 된다는 말이다.

그런데 왜 저렴한 가격에 팔면 저렴한 가격에만 팔리게 되는 것일까? 예를 들어 A라는 사람과 B라는 사람이 2년 동안 같은 총액의 급여를 받는다고 가정해 보자. A의 월급은 올해와 내년 모두 액수가 같다. B의 경우, 올해는 A보다 매달 1만 엔을 더 받지만 내년에는 매달 1만 엔을 적게 받는다.

두 사람이 2년 동안 받는 급여의 총액은 같지만, B는 상실감을 느낀다. 사람은 월급이 오르면 좋아하고 월급이 내려가면 슬퍼한다. 이것은 너무나 당연해서 굳이 설명할 필요도 없는 심리다. 나도 상여금이 올랐을 때는 조금 기분이 좋았지만 내려갔을 때는 엄청난 충격을 받았다. B 역시 1만 엔을 더 받을 때의 기쁨보다는 1만 엔을 덜 받을 때의 충격이 더 큰 것이다.

이와 같이 사람은 같은 금액이라도 이익을 봤을 때의 기쁨보다는 손해를 봤을 때의 슬픔을 더 강하게 느낀다. 이것이 행동경제학의 '프로스펙트(Prospect) 이론'이다. 앵커링 효과와 마찬가지로 이 또한 카너먼이 제창했다.

가격의 경우, 다음의 그림처럼 사람은 '당연한' 가격보다 100엔을 싸게 사면 '조금 이익을 봤다'고 느낀다. 그러나 '당연한' 가격보다 100엔을 비싸게 사면 '굉장히 큰 손해를 봤다'고 느끼게 된다. 그리고 그 손실을 회피하려고 행동한다. 그래서 특가 판매 이전의 가격으

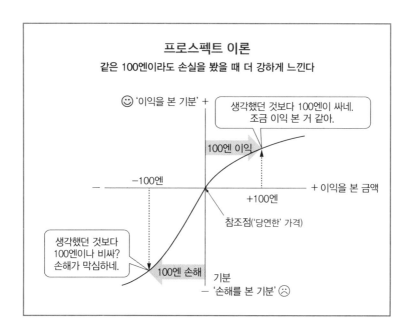

프로스펙트 이론
같은 100엔이라도 손실을 봤을 때 더 강하게 느낀다

로 되돌리면 파는 쪽으로서는 '원래 가격으로 되돌렸을 뿐'인데 소비자는 '당연했던' 가격보다 훨씬 비싼 값을 치르고 산다는 느낌을 받으며, 따라서 손해를 보고 싶지 않으니 사지 않게 된다.

이와 같은 상황을 피하는 방법은 매우 간단하다. 가격을 원래대로 되돌릴 바에는 애초에 처음부터 특가 판매를 하지 않는 것이다.

수익을 낼 수 있느냐 없느냐는 가격전략에 달려 있다

지금까지 주로 행동경제학의 '앵커링 효과'와 '프로스펙트 이론'의 관점에서 가격전략을 살펴봤다. 가격전략은 비즈니스 전략 그 자체다. 기업의 이익은 판매량·가격·비용이라는 세 가지 요소에 따라서 결정된다. 식으로 표현하면 다음과 같다.

이익＝(판매량×가격)－비용

많은 기업이 위의 세 가지 요소 중 판매량을 늘리거나 비용을 낮추기 위해 많은 노력을 기울이는데, 한편으로 가격에 관해 진지하게 고민하는 기업은 놀랄 만큼 적다. 그러나 사실 비즈니스에서 수익을 낼 수 있느냐 없느냐는 가격전략에 달려 있다.

지금까지 일본의 많은 비즈니스맨들은 '좋은 상품을 저렴한 가격에 팔자'고 생각해 왔다. 그래서 '저가 판매 발상'으로부터 벗어나지 못하고 있다. 경쟁사와 판매 경쟁이 붙으면 '경쟁사보다 조금이라도 더 싸게 팔아서 승리하자'고 생각한다. 그러나 이것은 큰 실수다.

가격경쟁의 중요성을 이해할 필요가 있다. 싸게 팔기 위해서는 심혈을 기울인 전략이 요구되며, 높은 가치가 있는 상품은 그 가치에 걸맞은 가격으로 팔아야 한다.

그리고 가격전략을 수립할 때는 고객의 마음속에 들어가서 이해할 필요가 있다. 이를 위해 우리에게 준비된 강력한 무기가 행동경제학이다. '행동경제학'이라고 하면 왠지 굉장히 어렵게 느껴질 것이다. 그러나 행동경제학은 '앵커링 효과'나 '프로스펙트 효과'처럼 일상 속에서 우리가 하는 행동을 알기 쉽게 설명하는 것이다. 사실은 매우 익숙하고 이해하기 쉬운 개념이다.

이 책에서는 마케팅 이론과 함께 최신 행동경제학도 소개하면서 가격전략을 수립하는 방법을 2부에 걸쳐 생각해 나갈 것이다.

제1부 가격을 인하해도 수익을 내는 메커니즘
─ 좋은 상품을 저렴하게 파는 시스템을 어떻게 만들 것인가?

싸게 파는 것 자체는 결코 잘못이 아니다. 다만 아무도 흉내 낼 수 없을 만큼 철저하게 저렴함을 추구해야 한다. 누구나 인터넷을 이용할 수 있는 현대 사회에서 가격은 금방 비교당하고 만다. 어필할 수 있는 것이 '우리는 싸게 팝니다'뿐이라면 가격만 보고 모여든 고객은 얼마 안 있어 더 싸게 파는 경쟁자에게 떠나 버린다. 어중간한 저가 승부에 나섰다가는 가격인하 전쟁의 수렁에 빠져들 뿐이다. 경쟁자가 도저히 흉내 낼 수 없을 정도의 저비용을 실현하거나 무료 또는 무제한 서비스를 제공함으로써 강렬한 이익감을 어필할 필요가 있다. 또한 기본적으로 가격인하를 해서는 안 되지만, 개중에는 영리한 가격인하도 있다. 가격을 연구하면 이익감을 어필할 수도 있다. 제1부에서는 이에 관해서도 소개한다.

제2부 가격을 인상해도 날개 돋친 듯이 팔리는 메커니즘

─ 고객을 파악하고 비싸게 판다

높은 가치를 실현해서 고객이 수긍할 수 있는 비싼 가격에 파는 것이야말로 가격전략의 왕도다. 이를 위해서는 타깃으로 삼을 고객을 좁히고 그 고객이 원하는 바에 다른 어떤 상품보다도 적확하게 부응하거나, 가격설정 방법을 고민하거나, 자사의 팬을 만들어야 한다. 이에 관해서는 제2부에서 소개하겠다.

수익을 낼 수 있느냐 없느냐는
가격전략에 달려 있다.
행동경제학으로 고객의 미묘한 심리를
이해하자!

- 가격전략을 생각하고자 한다면 행동경제학을 공부해라.

- 앵커링 효과에 따라, 사람의 행동은 처음 본 숫자에 좌우된다.

- 가격파괴에 성공하면 저가품 이미지가 정착되어 비싼 가격으로 팔 수 없게
  된다.

- 프로스펙트 이론을 이해하면 가격을 인하해서 팔다가 원래의 가격으로 되돌
  리자 팔리지 않게 되는 이유를 알 수 있다.

| 제 1 부 |

가격을 인하해도
수익을 내는 메커니즘

좋은 상품을 저렴하게 파는 시스템을 어떻게 만들 것인가?

'좋은 상품을 저렴한 가격에 팔아서 수익을 내는' 것은 사실 매우 어려운 일이다. '그냥 싸게 팔면 되는 거 아니야?'라고 생각할지도 모른다. 그러나 '저렴한 가격에 팔아서 수익을 내는' 것과 '싸게 파는 것'은 언뜻 비슷해 보여도 사실 정반대다. 그런데 이 차이가 거의 알려져 있지 않다. 그래서 가격경쟁으로 괴로워하는 회사가 많은 것이다.

'저렴한 가격에 팔아서 수익을 내기' 위해서는 철저하게 '하지 않을 일을 결정하는' 전략이 필요하다. 혹은 무료나 무제한 서비스를 제공하면서 확실하게 수익을 낼 수 있는 구조를 생각해낼 필요가 있다. 또한 가격을 인하할 때도 타깃 고객에 관해 연구를 거듭해서 그 고객에게 맞춘 최적의 가격을 설정해야 한다.
이런 것을 생각하지 않고 즉흥적으로 '요즘 안 팔리니 가격을 인하해서 팔자'고 생각하면 가격인하 경쟁의 수렁에 빠져들어 좀처럼 빠져나오지 못하게 된다. 그래서 가격경쟁에 괴로워하는 것이다.

그러면 먼저 가격파괴 방법부터 소개하겠다.

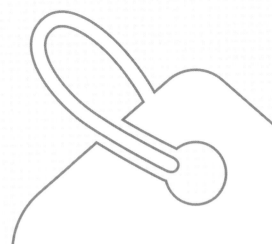

제 1 장

——

미쉐린 1스타를 받은 홍콩 딤섬이 580엔이라는 초저가인 이유

——

코스트 리더십 전략

미쉐린 1스타인데 초저가인 이유

2018년 봄, 전 세계의 레스토랑을 엄선해 별 개수로 등급을 매기는 〈미쉐린 가이드〉에서 별 한 개를 받은 홍콩 딤섬이 도쿄에 문을 열었다. 매우 맛있는데 심지어 초저가라는 말을 듣고 바로 찾아가 봤다. 히비야에 있는 '팀호완'이다.

평일 오전, 비가 내리고 있음에도 개점 30분 전에 이미 40명 정도가 줄을 서 있었다. 같이 줄을 서자 점원이 메뉴와 주문표를 줬다. 줄을 서고 있는 동안에 주문을 결정하는 시스템이다.

드디어 개점 시간이 되었다. 입구에서 주문표를 건넨 십 수 명이 차례차례 자리로 안내를 받았다. 첫 번째 요리인 '베이크드 차슈바오'는 자리에 앉은 지 불과 5분 만에 나왔다.

'이렇게 빨리 나오다니!'

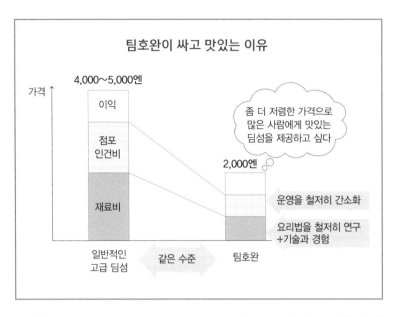

팀호완이 싸고 맛있는 이유

4,000~5,000엔

가격

이익

점포
인건비

재료비

좀 더 저렴한 가격으로
많은 사람에게 맛있는
딤섬을 제공하고 싶다

2,000엔

운영을 철저히 간소화

요리법을 철저히 연구
+기술과 경험

일반적인
고급 딤섬

같은 수준

팀호완

차슈(돼지고기를 양념장에 조린 것-옮긴이)를 소보로빵 같은 것에 싸서 왕찐빵 크기로 만든 요리다. 빵은 바삭바삭했고 차슈 고명도 달콤한 간장 맛이 잘 배어 있어서 맛있었다. 이것이 3개에 580엔이니 1개에 200엔이 채 안 되는 셈인데, 이 정도면 편의점에서 파는 고기찐빵 수준의 가격이다.

그 후에도 주문한 메뉴가 5분 간격으로 나왔다. 주방에서 중화 요리사 10명 정도가 묵묵히 딤섬을 만들면 웨이트리스들이 그것을 신속하게 테이블로 가져갔다. 주문한 요리들을 즐기고 포만감을 느끼며 계산을 하려니 2,000엔이 나왔다. 느낌상으로 4,000~5,000엔은 될 법한 고급 딤섬이 말이다. 싸다. 싸도 너무 싸다. '이 맛에 이 가격이라니……. 어떻게 이 가격에 팔 수 있는 걸까?' 식당을 나온 나는 바로 조사를 시작했다.

팀호완의 창업자 중 한 명인 맥카이푸이(麥桂培)는 15세에 수습생으로서 딤섬 세계에 발을 들여놓았다. 그리고 수련을 쌓은 끝에 중국 요리점으로서는 세계 최초로 미쉐린 가이드 3스타를 받은 홍콩 포시즌 호텔 내에 있는 고급 광둥 요리점 '룽킹힌'의 딤섬사로 발탁되었다. 그러나 '좀 더 저렴한 가격으로 많은 사람에게 맛있는 딤섬을 제공하고 싶다'는 꿈을 버릴 수가 없었던 그는 독립해서 동업자와 함께 팀호완을 개점했고, 이듬해에 1스타를 획득했다.

조금이라도 더 저렴한 가격으로 제공하기 위해 고급 식재료나 조미료는 일체 사용하지 않고 슈퍼마켓에서도 살 수 있는 재료를 사용한다고 한다. '기술과 경험만 있으면 어떤 소재를 사용하더라도 맛있게 만들 수 있다'는 것이 그의 생각이다. 그래서 맛내기에 철저히 집착했다. 내가 제일 먼저 먹은 베이크드 차슈바오도 2개월 동안 수없는 시행착오를 거친 끝에 간장과 굴소스, 설탕의 이상적인 배합을 찾아냈다고 한다. 또한 점포 운영도 철저히 효율화해서 최소한의 비용으로 많은 고객에 대응할 수 있도록 만들었다.

이와 같은 맥카이푸이의 노력 덕분에 팀호완을 찾아온 고객은 모두 행복한 경험을 하고 돌아갔을 것이다.

싸고 맛있는 가게는 그 밖에도 있다.

200엔짜리 부실 도시락과
550엔짜리 충실 도시락의 재료비가 같다!?

최근 들어 도시락 가격이 점점 저렴해지고 있다.

어느 도로변에 위치한 도시락 가게에서 200엔짜리 초저가 도시락을 산 적이 있다. 도시락 가게 중에는 평일 점심시간에만 운영하는 곳이 많은데, 이 가게는 24시간 365일 영업을 한다. 저렴한 가격에 식사를 하고 싶은 고객들이 와서 도시락을 사 가지고 간다.

200엔 도시락은 밥에 햄버그스테이크 1개, 파스타와 장아찌가 소량 들어 있는 조금 허전한 구성이었고, 먹어 보니 맛은 '그럭저럭'이었다. 뭐, 200엔에 이 이상을 바라는 것은 욕심이겠지 하는 생각이 들었다.

도시락을 먹고 나서 조사해 보니 이 가게를 소개한 신문 기사가 있었다. 신문 기사에 따르면 재료비는 130엔이며, 가게의 인건비를 포함하면 도시락 한 개를 팔아서 얻는 이익은 10엔 정도라고 한다. 이익은 적지만 24시간 365일 영업으로 장사를 유지하는 전형적인 박리다매 장사인 것이다.

또 다른 어느 날, 업무를 위해 덴노즈아일에 갔다가 사람들이 길게 줄을 서 있는 도시락 가게를 발견했다. 이 가게의 도시락 가격은 550엔으로, 이른바 원코인 도시락이다. 큼지막하게 썬 채소가 눈에 띄었다. 호기심이 생겨서 닭고기 도시락을 사 봤는데, 누룩소금 맛이 배

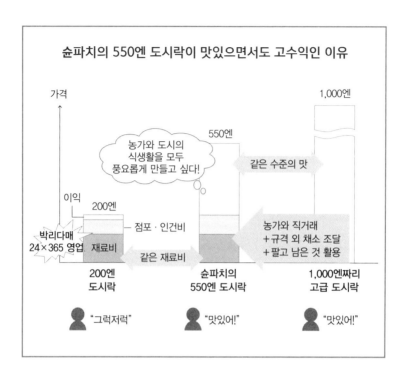

어든 닭고기는 육즙이 풍부했고 채소도 신선했다. 550엔이면 싸다는 생각이 들었다. '이 정도면 1,000엔짜리 도시락 수준인데? 이 가게도 가져가는 이익을 최대한 줄여서 박리다매 전략을 쓰나 보군.'

그날 밤, 텔레비전에 이 가게 '슌파치 키친'이 소개되었다. 그 방송을 보던 나는 젊은 사장의 이야기를 듣고 깜짝 놀랐다. "이 도시락의 매출 총이익은 75퍼센트입니다"라고 말하는 것이 아닌가? 계산해 보니 그 550엔짜리 건강 도시락의 재료비(원가)는 138엔이었다. 놀랍게도 200엔 도시락의 재료비와 거의 차이가 없었던 것이다.

참으로 신기한 일이 일어나고 있다. 이렇게 말하면 실례일지 모르지만, 200엔 도시락은 부실 도시락이다. 한편 550엔 도시락은 충실하고 맛있는 건강 도시락이다. 그런데 재료비(원가)는 양쪽 모두 130엔대다.

200엔 도시락을 파는 가게는 종이 상자에 담겨서 배송된 밑손질이 끝난 식재료를 기름 두른 냄비에 튀기거나 볶아서 도시락 용기에 담았다. 식재료 납품업자를 결정할 때는 저렴함을 최우선으로 고려한다고 한다. 쌀과 채소는 국산(일본산)이고 육류는 브라질산, 생선 튀김은 중국산을 사용한다. 가장 저렴한 매입처를 찾아내고 손이 덜 가게 해서 철저히 비용을 절감하며 나아가 24시간 365일 영업을 함으로써 200엔 도시락을 실현했다.

그렇다면 슌파치 키친의 550엔 도시락은 어떻게 재료비(원가)가 똑같은 130엔대임에도 맛있는 것일까?

슌파치 키친은 '슌파치'라는 청과물 판매점이 시작한 도시락 가게다. 그런데 슌파치는 일반적인 청과물 판매점과는 조금 다른 곳이다. 일반적인 청과물 판매점에서 취급하는 채소나 과일은 흠집도 없고 크기와 모양도 가지런하다. 당연한 것이 아니냐고 생각할지 모르지만, 사실 농가에서 키운 채소나 과일은 크기와 모양이 다양하며 개중에는 흠집이 생긴 것도 있다. 그런 것들도 맛은 다르지 않지만 청과물 시장에서 상품으로 판매할 수가 없기 때문에 아깝게도 폐기되고 있다. 이런 규격 외 상품이 전체 농작물의 30퍼센트에 이른다고 하는데, 슌파치는 청과물 시장을 거치지 않고 농가와 직접 계약을 맺음으로써 그 규격 외 상품을 반값에 사들이고 있다. 그전까지 버려야 했던 채소나 과일을 팔 수 있으니 농가로서는 대환영이며, 고객도 저렴한 가격에 살 수 있다. 슌파치의 매출총이익률도 50퍼센트라고 한다.

이와 같이 슌파치는 모두가 행복한 청과물 판매 시스템을 만들었다. 그러나 슌파치에도 팔리지 않고 남는 채소는 있기 마련이다. 그래서 슌파치 키친은 그런 채소를 도시락의 식재료로 사용함으로써 매출총이익 75퍼센트를 실현한 것이다.

하지 않을 일을 결정해서 가격파괴를 실현하는
코스트 리더십 전략

앞에서 말했듯이, 단순히 싸게 파는 것은 고객을 실망시키고 기업의 체력을 소모시킨다.

그러나 저렴하게 파는 것 자체는 결코 나쁘지 않다. '좋은 상품을 저렴한 가격에 손에 넣는' 것은 우리의 생활을 풍요롭게 만든다. 이를 위해서는 팀호완이나 슌파치처럼 좋은 상품을 저렴한 가격에 팔아도 확실하게 이익을 확보할 수 있는 시스템을 만들어야 한다.

'좋은 상품을 저렴한 가격에 팔면서 이익도 내는' 방법에 대해 구체적으로 살펴보자.

좋은 상품을 저렴한 가격에 팔기 위해서는 업계의 어떤 경쟁자보다도 낮은 비용으로 상품을 제공해야 한다.

경쟁전략을 제창한 경영자 마이클 포터(Michael Porter)는 비용을 경쟁자보다 철저하게 낮춤으로써 경쟁에서 유리한 위치에 서는 전략을 '코스트 리더십 전략'이라고 명명했다. 또한 "전략이란 하지 않을 일을 결정하는 것이다"라는 말도 했다. 팀호완도 슌파치도 하지 않을 일을 명확히 결정함으로써 코스트 리더십 전략을 통한 가격파괴를 실현했다.

팀호완의 원점은 창업자인 맥카이푸이의 '좀 더 저렴한 가격으로 많은 사람에게 맛있는 딤섬을 제공하고 싶다'는 바람이다. 그래서 가격이 비싼 고급 식재료를 사용하지 않고 슈퍼마켓에서 살 수 있는 식재료로도 맛있는 딤섬을 제공할 수 있도록 경험과 기술을 활용해 조리법을 연구함으로써 580엔이라는 저렴한 가격에 최고 수준의 딤섬을 제공하고 있다.

슌파치의 원점은 창업자인 주식회사 애그리게이트의 사장 사콘 요시노리(左今克憲)의 체험이다. 학창 시절에 사콘 사장은 원치 않으면서도 어쩔 수 없이 패스트푸드 등을 중심으로 한 식생활을 반복하고 있었다. 한편 지방에 가면 식생활은 풍요로웠지만 고령화와 낮은 수입으로 앞날에 불안감을 느끼는 농가를 많이 볼 수 있었다. 그래서 '농가와 소비자를 연결해 농가와 도시의 식생활을 모두 풍요롭게 만들 수는 없을까?'라는 생각을 했다. 그리고 판매할 상품은 청과물 시장에서 조달한다는 청과물 판매점의 상식을 깨고 농가로부터 규격 외 채소나 과일을 직접 조달함으로써 초저가를 실현하면서도 모든 관계자가 이익을 내는 비즈니스를 만들어냈다.

팀호완도 슌파치도 먼저 '하고 싶은 일=고객에게 어떤 가치를 제공하고 싶은가?'를 고민했다. 그전까지 당연했던 상식에 의문을 품고 '하지 않을 일'을 결정했다. 그리고 새로운 시스템을 만들어냄으로써 가격파괴를 실현한 것이다.

이와 같은 가격파괴의 사례는 그 밖에도 많다.

이발소 체인인 'QB하우스'도 그중 하나다. 일반적인 이발소의 경우, 순서를 기다려서 머리를 자르고 이발 후 샴푸와 마사지를 받은 뒤 영양제까지 바르면 1시간은 훌쩍 지나가 버린다. 이 때문에 '기다리는 시간도 머리 감는 시간도 영양제 바르는 시간도 다 아까워. 이 때문에 가격도 비싸지고 말이야'라고 느낄 때도 있다. 그래서 얼마 전에 집 근처에 있는 QB하우스에 가 봤다. 이곳은 몇 명이 기다리고 있는지 스마트폰으로 확인할 수 있고, 입구에도 3색 램프가 있어서 얼마나 기다려야 할지 알 수 있다. 이것을 참고로 기다리는 사람이 적을 때 들어가면 먼저 자동판매기로 티켓을 구입하고 의자에 앉아 순서를 기다린다. 이 방법 저 방법으로 점원의 작업을 최소화하고 있는 것이다.

얼마 안 있어 내 순서가 되었다. 스마트폰으로 찍은 사진을 보여주

코스트 리더십을 실현하기 위해 상식을 의심하고 '하지 않을 일'을 명확히 정한다

	하고 싶은 일 ➡	하지 않을 일 ➡	한 일
팀호완	'좀 더 저렴한 가격으로 많은 사람에게 맛있는 딤섬을 제공하고 싶다'	고급 식재료는 사용하지 않는다	• 경험과 기술을 살려서 조리법 개발 • 슈퍼마켓에서 살 수 있는 식재료 활용
슌파치	'농가와 도시의 식생활을 모두 풍요롭게 만들고 싶다!'	청과물 시장에서 조달하지 않는다	• 농가와 직거래 • 규격 외 채소 조달 • 팔고 남은 것 활용

고 "이렇게 잘라 주세요"라고 말하자 커트가 시작된 지 10분 만에 끝이 났다. 완성된 헤어스타일은 만족스러웠다. 일반적인 이발소에서는 이후에 머리를 감겨 주지만, QB하우스에서는 천장에 달려 있는 '헤어 워셔'라는 독자적인 강력 진공청소기로 머리에 붙어 있는 잘린 머리카락을 빨아들인다. 그래서 머리카락을 말릴 필요도 없으며, 배수 설비 공사를 할 필요가 없어서 어느 장소에나 저렴한 비용으로 점포를 낼 수 있다. 여기까지 걸린 시간은 20분 미만. 일반적인 이발소와 비교하면 몇 분의 1에 불과한 시간과 요금으로 이발을 할 수 있다.

QB하우스는 '머리를 커트한다'라는 이발소 본연의 목적에 집중하면서 샴푸, 마사지, 정발제 같은 서비스를 과감하게 생략했고, 그 결과 저렴한 요금과 함께 '짧은 시간'이라는 새로운 가치도 만들어냈다.

QB 하우스의 창업자는 '어떤 이발소를 가든 코스가 똑같이 정해져 있어서 이 때문에 긴 시간을 묶여 있어야 하는 것은 불합리하다'고 생각했다. 그래서 커트 이외의 서비스를 전부 없애고 머리를 커트하는 데 특화한 시스템을 만듦으로써 10분 커트와 1,080엔(2019년 2월부터 1,200엔으로 인상)이라는 가격을 실현한 것이다.

팀호완, 슌파치 키친, QB하우스는 기존의 상식에 의문을 품고 하지 않을 일을 명확히 함으로써 압도적인 코스트 리더십을 실현했다.

'오, 가격 이상' 니토리의 비밀
― 규모의 경제와 제조 소매업 모델

도쿄 긴자의 백화점에 입점한 점포 중에는 가구 판매점인 니토리도 있다. 얼마 전에 가보니 편안한 분위기의 공간에 통일된 이미지의 가구가 전시되어 있었고, 평일 오전임에도 고객들이 열심히 가구를 살펴보고 있었다.

내가 20년 정도 전에 살았던 집 근처에도 니토리가 있었다. 솔직히 말하면 당시의 니토리는 조금 나쁜 표현이지만 '값은 싼데 품질은 그저 그렇다'는 이미지였다. 그런데 긴자의 니토리에 전시된 가구를 보고 그 이미지가 완전히 바뀌었다. 하나같이 질이 좋고, 게다가 저렴했던 것이다.

니토리는 홋카이도에서 창업해 홋카이도에서 점포를 확대하다 마침내 혼수에 진출한 기업이다. 옛날에 내가 살던 곳 근처에 니토리가 생겼을 무렵에는 점포 수가 30~40개에 불과했는데, 그 후에도 점포를 늘려 나가서 현재는 전 세계에 545개 점포(2018년 8월 현재)를 운영하고 있다. 무려 15배가 된 것이다. 왜 니토리는 이렇게까지 점포의 수를 열심히 늘린 것일까?

모든 것은 니토리의 창업자인 니토리 아키오(似鳥昭雄) 회장이 27세 때 미국 시찰 여행을 떠난 데서 시작되었다. 이때 미국의 풍요로운 물자와 저렴한 상품 가격에 놀란 니토리 회장은 '일본은 아직 가난해. 상품 가격은 비싸고, 품질과 컬러, 소재도 편차가 크지. 좀 더 저렴한 가격에 코디네이트도 가능한 가구를 만들어서 일본인의 생활을 풍요롭게 만들자'고 생각했다고 한다. 그리고 이 생각을 실현하기 위해 '오, 가격 이상'을 캐치프레이즈로 삼고 가구 업계에서 가격파괴를 계속하고 있다.

상품을 싸게 팔려면 비용을 낮춰야 한다. 그래서 니토리는 두 가지를 철저하게 추구하기로 했다. 바로 '규모의 경제'와 '경험 곡선'이다.

규모의 경제란 '많이 만들수록 비용은 하락한다'는 생각이다. 왜 비용이 하락할까? 그 첫 번째 이유는 상품 한 개당 고정비가 감소하기 때문이다. 니토리가 월 100만 엔에 공장을 빌려서 가구를 만든다고 가정하자. 이 월 100만 엔의 공장 임대료는 고정비다. 그리고 이 공장에서 가구를 한 달에 100개 만들면 가구 한 개당 공장 임대료(고정비)는 1만 엔이다. 그러나 한 달에 1만 개를 만든다면 가구 한 개당

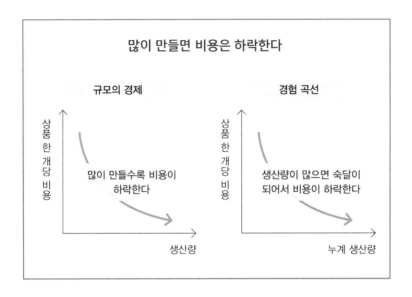

많이 만들면 비용은 하락한다

규모의 경제

상품 한 개당 비용 / 생산량

많이 만들수록 비용이
하락한다

경험 곡선

상품 한 개당 비용 / 누계 생산량

생산량이 많으면 숙달이
되어서 비용이 하락한다

공장 임대료는 100엔이 된다. 이처럼 가구를 많이 만들수록 상품 한 개당 고정비가 줄어들어서 비용이 하락하는 것이다.

또한 가구를 많이 만들면 업자에게 원재료를 대량으로 살 수 있다. 이렇게 되면 업자는 니토리를 중요 고객으로 여기므로 원재료 매입 가격을 교섭할 수 있게 된다. 상품을 많이 만들면 이와 같이 다양한 비용을 절감할 수 있다는 것이 규모의 경제다.

한편 경험 곡선은 작업의 경험량이 많으면 숙달이 되어서 비용이 하락한다는 생각이다. 여러분도 경험해 본 적이 없는 일을 할 때 처음에는 미숙했지만 점점 작업 요령을 알게 되어 효율적으로 처리할 수 있게 되었던 경험이 있을 것이다. 이와 같이 그 작업의 경험량이 늘어나면 효율이 좋아져서 비용이 하락하게 된다.

앞에서 소개한 200엔 도시락 가게의 경우, 매입비용을 줄이는 노력은 철저히 했지만 점포가 한 개뿐이어서는 한계가 있을 수밖에 없다. 점포 수를 늘린다면 규모의 경제와 경험 곡선이 발동해서 좀 더 저렴한 비용으로 도시락을 만들 수 있게 될 것이다.

니토리는 먼저 100점포를 목표로 삼았고, 나아가 200점포도 달성했다. 그리고 점포의 수를 늘리자 고객 수도 늘어나서 규모의 경제가 더 큰 효과를 발휘할 수 있게 되었다. 점포의 스타일도 시대와 함께 변화를 줬다. 긴자 이외에 신주쿠, 우에노, 이케부쿠로 같은 번화가의 백화점에도 점포를 냈다.

이야기가 조금 샛길로 빠지지만, 여러분은 백화점 등에서 파는 옷의 원가가 얼마인지 아는가? 사실은 정가의 20퍼센트다. 정가가 1만 엔인 옷의 원가는 2,000엔이라는 말이다. 이렇듯 백화점 옷은 정가가 상당히 높게 설정되어 있다. 백화점은 도매상을 거쳐서 상품을 매입하며, 팔리지 않은 재고는 할인판매를 하거나 폐기할 것을 전제로 정가를 결정한다. 정가에 사는 사람에게 더 많은 비용을 부담시키고 있다고도 할 수 있다. 도매상을 전제로 한 수십 년 전의 판매 방식을 지금도 바꾸지 않는 것이다.

한편 유니클로나 GAP의 원가율은 정가의 50퍼센트다. 원가가 2,000엔인 옷을 정가 4,000엔에 판매한다. 도매업자나 소매업자를 거치지 않고 생산부터 판매까지 전부 자사가 직접 실시하며, 나아가 모든 상품을 자사 점포에서 판매하려고 노력하기 때문이다. 이렇게 하

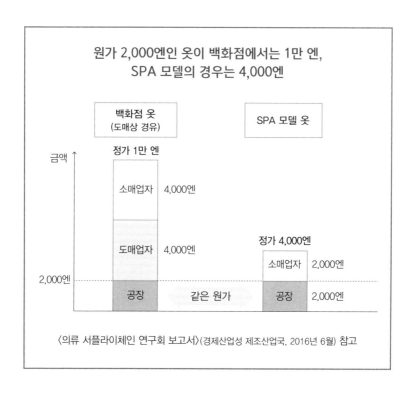

원가 2,000엔인 옷이 백화점에서는 1만 엔,
SPA 모델의 경우는 4,000엔

백화점 옷
(도매상 경유)

SPA 모델 옷

금액

정가 1만 엔

| 소매업자 | 4,000엔 |

정가 4,000엔

| 도매업자 | 4,000엔 |

| 소매업자 | 2,000엔 |

2,000엔

| 공장 | 같은 원가 | 공장 | 2,000엔 |

〈의류 서플라이체인 연구회 보고서〉(경제산업성 제조산업국, 2016년 6월) 참고

면 상품의 유통이 원활해져 낭비가 없어진다. 또한 많이 팔수록 규모의 경제가 발동해 더욱 낮은 비용으로 상품을 제공할 수 있으므로 가격을 내릴 수 있게 된다. 이와 같이 원재료 조달부터 고객에게 상품을 판매하는 점포까지 자사가 전부 실시하는 형태를 'SPA 모델(제조소매업 모델)'이라고 한다. 자사가 만들고 자사의 점포에서 판매하면 낭비 없이 소비자에게 직접 상품을 전달할 수 있게 되어 비용도 낮추고 더 좋은 상품을 저렴한 가격에 제공할 수 있는 것이다.

니토리도 '가구를 저렴한 가격에 제공해 일본인을 더욱 풍요롭게 만들자'는 이념을 실현하기 위해 자사가 원료와 재료를 조달해 상품을 개발·생산하고 판매까지 직접 하는 SPA 모델을 채택하고 있다.

또한 이 장의 앞머리에서 소개한 순파치도 역시 농가에서 직접 채소를 조달해 자사의 점포에서 판매함으로써 농업 버전의 SPA 모델을 지향하고 있다.

가격파괴를 더욱 철저히 실천하는 전략도 있다. 바로 EDLP(Every Day Low Price) 전략이다. 특가 세일은 일절 하지 않는 대신 항상 최저 가격을 보증한다. 슈퍼마켓인 세이유는 '앞으로 몇 달 동안 일절 가격을 인상하지 않고 저렴한 가격으로 고정한다'라는 '프라이스 록'을 실시하고 있는데, 이것이 EDLP 전략이다.

고객은 '더 싸게 파는 곳이 있지 않을까?'라고 고민할 필요 없이 안심하고 살 수 있다. 그리고 '저 가게는 최저가로 판다'라는 평판을 듣고 고객이 찾아오게 된다. 니토리도 가격을 거의 원가 수준까지 낮췄으며 특가 판매는 거의 하지 않는다. EDLP 전략은 '고객이 언제나 안심하고 살 수 있는 환경'을 지향하는 것이다.

'팔리지 않으니 가격을 내리자'가 최악의 선택인 이유

'그렇군. 역시 값이 싸야 팔리는구나. 우리도 가격을 내려서 팔자.'
이렇게 생각하는 사람도 있을지 모르는데, 잠깐 내 이야기를 들어

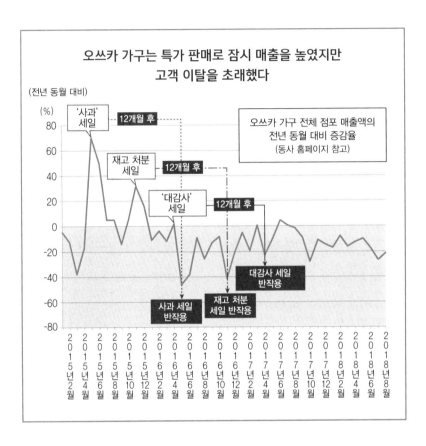

오쓰카 가구는 특가 판매로 잠시 매출을 높였지만
고객 이탈을 초래했다

보기 바란다.

저렴한 가격에 팔아서 이익을 내기 위해서는 대전제가 있다. 비용을 철저히 줄이는 것이다. 너무 당연한 소리를 한다고 생각하는가? 그러나 세상에는 비용을 절감하려는 노력을 게을리 한 채 안일하게 "팔리지 않으니 가격을 내리자"라고 결정하는 사례가 매우 많다.

가격파괴로 성공한 회사의 겉모습만을 따라 하면서 가격경쟁을 시작하면 백전백패할 수밖에 없다. 코스트 리더십을 실현하기 위한 시스템을 만들지 않은 채로 가격파괴자와 싸우는 것은 무기도 없이 맨몸으로 전쟁터의 최전선에 서는 것과 같을 만큼 무모한 행위다. 가격파괴자는 가격파괴를 하더라도 이익이 나는 시스템을 이미 만들어 놓은 상태이기 때문이다.

2015년 4월, 오쓰카 가구는 부유층을 대상으로 고가 상품을 판매하던 기존 전략에서 패밀리 고객에게 중가 상품을 제공한다는 전략으로 자사의 노선을 변경하고 특가 세일을 잇달아 실시했다. 그러자 세일 기간 동안은 고객이 증가했고 매출도 급증했다. 그러나 특가 세일을 노리고 모여든 고객은 정착하지 않았고, 앞의 그래프처럼 전년보다 월간 매출이 감소하는 상황이 거의 매달 계속되었다. 전년 매출을 웃돈 것은 특가 세일을 실시한 달뿐인데, 문제는 특가 세일의 효과도 서서히 약해져 갔다.

그리고 대규모 특가 세일을 실시한 뒤에는 반드시 그 반작용이 찾아왔다. 그래프를 봐도 세 차례의 대규모 세일을 모두 실시한 12개월 후에 매출이 크게 하락했음을 알 수 있다. '특가 세일로 고객을 불러들인다'는 당초의 목적은 달성되지 않았고, 오히려 지속적인 고객 이탈을 초래한 것이다.

중가격대 시장에 진출은 했지만, 적자를 각오한 특가 세일로는 새로운 경쟁자인 니토리를 이길 수 없었다. 오쓰카 가구의 점포는 모두 합쳐 19개이지만 니토리는 545개에 이른다(두 회사 모두 2018년 8월 현재의 수치). 즉, 니토리의 규모는 오쓰카 가구의 28배나 된다. 따라서 규모의 경제라는 측면에서는 니토리가 압도적인 우위를 점하고 있다.

게다가 오쓰카 가구는 팀호완이나 QB하우스처럼 다른 회사보다 저렴한 비용으로 상품 또는 서비스를 제공할 수 있는 시스템을 보유하고 있지 않다. '가족 고객에게 중가격대 상품을 저렴한 가격에 제공한다'는 코스트 리더십 전략에서는 니토리가 압도적으로 우위이며 수십 년에 걸쳐 축적한 실적과 노하우도 있다. 한편 SPA 모델을 실현하지 못한 오쓰카 가구는 저비용을 실현할 생산 능력도 약하다. 그런 까닭에 중가격대를 생각하는 가족 고객은 대부분 저렴하면서 품질도 좋은 니토리를 선택한다. 오쓰카 가구가 정면으로 가격경쟁을 해서는 니토리를 이길 수 없는 것이다.

비용을 절감하지 않고 가격경쟁을 시도하면 현장에서는 어떤 일이 일어날까? "더 열심히 일하시오", "무보수 야근으로 극복하시오"라며 직원들을 채찍질하고, 거래처에 "매입 가격을 더 낮춰 주시오"라는 무리한 부탁을 하게 된다. 적자를 각오하고 특가 세일을 한다. 그러면 싼 가격을 중시하는 고객만 모여든다. 그리고 결국은 상품의 품질을 낮추거나 양을 줄이게 된다. 비용 절감 없는 가격인하는 누구에게도 행복을 가져다주지 않는다. 직원, 거래처, 회사의 실적, 그리고 최종적으로는 소비자가 반드시 그 대가를 치르게 된다.

비용 절감이 없는 가격인하는 그야말로 '마약'이다. 특가 판매를 하면 그때만큼은 잘 팔린다. 그러나 특가 판매가 끝나는 순간 팔리지 않게 된다. 그래서 어쩔 수 없이 특가 판매를 계속하지만, 특가 판매의 효과는 서서히 약해진다. 그리고 마약이 중독자의 몸을 갉아먹듯이 기업, 사원, 거래처의 체력을 점점 **빼앗아** 간다. 기업은 쇠약해지며 악덕 기업이 되어 갈 뿐이다.

팀호완도, 슌파치 키친도, QB하우스도, 니토리도 '더 나은 상품(서비스)을 저렴한 가격에 고객에게 제공하고 싶다'는 마음으로 지혜를 짜내서 비용을 철저히 줄이고자 노력하여 가격파괴를 하더라도 이익을 낼 수 있는 시스템을 만들었다. 이런 가격인하는 모두에게 행복을 가져다준다.

'값싼 상품을 싸게 팔자'가 아니다. '좋은 상품을 싸게 팔자'다. 싸게 팔기 위해서는 비용을 줄이려는 노력을 끊임없이 기울여야 한다. 아무런 고민도 없이 "팔리지 않으니 가격을 내리자"라고 말하는 관리직에게 이렇게 힘주어 말하고 싶다.

"슌파치 키친 도시락을 먹어보고, 팀호완에서 얌차를 즐겨 보고, QB하우스에서 머리를 잘라보고, 니토리에서 가구를 사보십시오. 그리고 그들이 어떻게 그 정도까지 가격을 낮출 수 있었는지 곰곰이 생각한 다음에 귀사는 어떤 방법으로 비용을 줄일지 고민해 보십시오."

가격파괴는 일단 발을 들여놓으면
두 번 다시 되돌아갈 수 없는 가시밭길

사실, 가격파괴에 성공했더라도 안심할 수는 없다. 앞에서 말했듯이, 가격파괴에 성공하면 고객의 머릿속에는 '저 회사의 상품은 싸다'는 이미지가 형성된다. 그래서 가격을 올리면 고객이 떠나 버린다.

다시 말해 가격파괴는 일단 발을 들여놓으면 두 번 다시 되돌아갈 수 없는 가시밭길인 것이다. '고가 정책으로는 되돌아갈 수 없음'을 각오하고 가격을 내려야 한다. 니토리도 '같은 상품의 가격은 절대 올리지 않는다'는 방침을 지키고 있다. '가격을 올리면 고객이 다른 회사로 떠나가 버리기 때문'이다.

가격파괴의 무서움은 또 있다. 저렴함에는 반드시 유통기한이 있다는 사실이다.

2013년에 세븐일레븐이 시작한 '세븐카페'가 그 좋은 예다. 세븐카페는 어디에서나 100엔에 마실 수 있는 아메리카노 커피를 본격적으로 실현했다. 커피의 세계에서 가격파괴를 일으킨 것이다. 그러나 불과 1~2년 만에 로손과 패밀리마트도 대항 상품을 내놓았고, 그 결과 지금은 어느 편의점에서나 일상적으로 아메리카노 커피를 마실 수 있게 되었다. 세븐카페가 세븐일레븐만의 강점이 아니게 되어 버린 것이다.

이처럼 가격파괴에는 반드시 유통기한이 있기 때문에 언젠가는 경쟁자에게 따라잡히고 만다.

저렴하지만 저렴한 가격에 의지하지 않는다
— 아마존이 저가 경쟁자를 두려워하지 않는 이유

나는 인터넷에서 상품을 살 때 항상 아마존을 이용한다. 가격이 저렴해서가 아니다. 10년 이상 전에 겪은 어떤 경험이 그 계기가 되었다. 당시 나는 아마존에서 컴퓨터 부품을 샀는데, 컴퓨터와 궁합이 맞지 않아 작동이 되지 않았다. 그래서 아마존에 연락을 했더니 매우 정성을 다해서 응대해 줬을 뿐만 아니라 흔쾌히 반품 요청도 받아 줬다. 이 경험을 통해 나는 '아마존에서 사면 안심할 수 있다'고 생각하게 되었고, 그 뒤로 인터넷에서 물건을 살 때면 거의 아마존을 이용하고 있다.

아마존은 가격파괴자라는 이미지가 강하다. 그러나 사실 아마존이 가장 중시하는 것은 가격이 아니라 고객만족이다. 아마존의 창업자인 제프 베조스(Jeff Bezos)는 이렇게 말했다.

"우리 회사보다 5퍼센트 싸게 파는 곳이 나오더라도 전혀 걱정하지 않는다. 내가 경계하는 일은 우리 회사보다 더 나은 경험을 제공하는 기업이 출현하는 것이다."

이것은 아마존이 제공하는 여러 가지 서비스를 관통하는 사고방식이다. 즉, 아마존의 저렴한 가격은 어디까지나 고객만족을 위한 수단 중 하나일 뿐이다. 그래서 아마존이 강한 것이다.

가격 승부에만 집중한다면 언젠가 반드시 더 싼 가격으로 파는 경쟁자가 나타날 수밖에 없다. 과거에 소매업 세계에서는 백화점이 강자였는데, 할인마트가 등장해 가격파괴를 일으켰다. 그러나 이후 아마존이 등장해 더 강력한 가격파괴를 일으키며 급속히 점유율을 확대했다. 이와 같이 설령 가격파괴를 통해 우위에 선다 한들 기술은 진화하기 마련이므로 언젠가는 더 싼 가격에 파는 경쟁자가 반드시 나타난다. 그러므로 '가격'의 우위만을 믿고 안심해서는 안 된다. 가치도 지속적으로 추구해야 한다.

일본의 가구 업계에서 가격파괴를 실현한 니토리도 가격 승부만으로는 한계가 있음을 알고 있다. 니토리의 사내에는 '니토리 헌법'이라는 것이 있다. 2012년까지는 '첫째는 저렴함, 둘째는 저렴함, 셋째는 저렴함, 넷째는 적정한 품질, 다섯째는 코디네이션'이었는데, 이것이 2013년부터 '첫째는 저렴함, 둘째는 적정한 품질, 셋째는 코디네이션'으로 바뀌었다. 급격한 엔화 약세로 해외에서 매입하는 가격이 비싸진 탓에 저렴한 가격만을 세일즈 포인트로 삼기가 어려워졌기 때문이다. 그래서 니토리는 '니토리 퀄리티 라인'이라는 중가격대 상품도 내놓게 되었다. 기존에 니토리가 판매하던 저가격대 상품보다 고품질에 가격도 비싸지만 그래도 경쟁자보다는 저렴한, 고객이 수긍할 수 있는 가격대의 상품을 판매함으로써 캐치프레이즈인 '오, 가격 이상'을 실현하고 있는 것이다.

저비용을 철저하게 추구해 좋은 상품을 저렴한 가격에 제공하는 것은 매우 큰 가치가 있다. 그러나 가격 승부만으로는 언젠가 한계가 찾아온다. 저비용의 추구와 함께 가치를 높이기 위한 고민도 끊임없이 해야 한다. 가치를 높이는 방법은 제2부에서 소개하겠다.

상식을 의심하고, 당연했던 것을 버리고,
'하지 않을 일'을 철저히 하지 않음으로써
가격을 파괴하라.
이 노력을 게을리하면서 싸게 팔려고 하면
악덕 기업이 되고 만다.

- 코스트 리더십 전략을 극한까지 실현해라.

- 무엇을 하지 않을지 결정해라.

- 가격파괴를 위해서는 규모의 경제와 경험 곡선을 철저히 추구해야 한다.

- SPA 모델로 낭비를 없애라.

- EDLP 전략은 언제나 최저 가격으로 판매하는 대신 특가 세일은 하지 않는다.

- 비용 절감 노력을 게을리한 가격인하는 '마약'이다.

- 저렴한 가격을 추구하되 저렴한 가격에 의존해서는 안 된다.

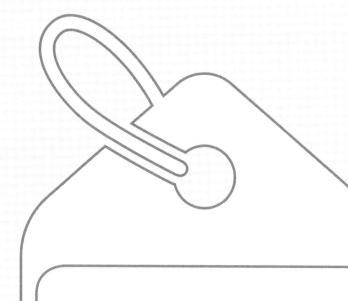

제 2 장

참가비 0엔
맞선 파티의 비밀

무료 비즈니스 모델

참가비 0엔의 맞선 파티

내 지인인 미카는 현재 결혼 상대를 찾는 중이다. 40대가 된 선배에게 설교를 들은 것이 계기라고 한다.

"넌 딱히 예쁜 편이 아니니까 그래도 20대라는 젊은 나이를 무기로 삼을 수 있는 지금 빨리 짝을 찾도록 해. 나도 너처럼 스물다섯이었을 때는 인기 많았거든? 하지만 이제는 누구 소개시켜 준다는 사람도 없더라."

후배에게 자신의 경험에서 우러나온 충고를 해주는 좋은 선배다 (참고로, 어디까지나 선배가 한 말이다. 내가 한 말이 아님을 강조하고 싶다). 그래서 미카는 맞선 파티를 중심으로 결혼 상대를 물색하고 있다. 미카의 철학은 단순 명료하다.

'외모로 승부할 수 없다면 횟수로 승부하자.'

맞선 파티도 횟수로 승부한다. 그래서 주말에는 여러 탕을 뛰는 일도 다반사다.

이 이야기를 들은 나는 '횟수로 승부한다는 발상은 좋지만, 참가비도 만만치 않을 텐데 괜찮을까?'라고 걱정했는데, 전혀 문제가 없다고 한다.

"여성은 참가비가 무료인 맞선 파티만 가거든요."

여성의 참가비는 무료로 하는 대신 남성의 참가비를 높게 설정한 맞선 파티가 많다는 것이다. 그래서 "그렇다면 단순히 밥이나 먹으려는 목적으로 참가하는 여성이 많지 않을까?"라고 물어보자 미카는 웃으면서 "물론이죠. 그래서 그런 데만 가는 거예요"라고 말했다. 맞선 파티에 참가한 다른 여성들은 전부 경쟁자다. 밥이나 먹고 가려는 여성에 비하면 자신은 애초에 "신념이 다르다"는 것이다. 신념이라는 단어의 용법을 조금 다르게 사용한 것 같은 기분은 들지만, 어쨌든 미카의 건투를 빌 뿐이다.

지금 일본에서는 맞선 파티가 대유행이다. 얼마 전까지만 해도 사람들 몰래 결혼 정보 서비스를 이용했던 것을 생각하면 세상이 많이 바뀌었다. 여성은 무료이거나 유료라 해도 남성보다 참가비를 훨씬 저렴하게 설정한 파티도 많다. 무료라면 미카처럼 자유롭게 쓸 수 있는 돈이 적은 젊은 여성도 부담 없이 참가할 수 있다. 이렇게 해서 여성 참가자를 늘림으로써 남성 참가자가 비싼 참가비를 내고서라도 참가할 가치가 있는 매력적인 장소로 만드는 것이다. 참고로 의사 한정 결혼 정보 서비스가 주최하는 맞선 파티의 경우는 반대로 남성 의사의 참가비가 무료인 대신 여성에게 비싼 참가비를 받는다고 한다.

그러면 질문이다. 미카처럼 돈이 많지 않은 사람에게 무료 맞선 파티가 매력적이라는 것은 충분히 이해할 수 있다. 그런데 돈이 많은 의사의 참가비를 굳이 무료로 설정하는 이유는 무엇일까?

그 답은 '무료'에는 신비한 마력이 숨어 있기 때문이다.

무료가 되면 갑자기 사용자가 폭발적으로 증가하는 이유

행동경제학자인 댄 애리얼리(Dan Ariely)는 고급 초콜릿(생초콜릿)과 평범한 초콜릿(허쉬)을 준비하고 두 가지 실험을 했다.

[실험1] 학생들에게 고급 초콜릿은 한 개 15센트(시중가보다 매우 싼 가격)에, 보통 초콜릿은 한 개 1센트에 팔아 봤다. 그 결과 학생들은 시중가보다 매우 저렴한 고급 초콜릿을 선택했다. 고급 초콜릿을 산 학생은 73퍼센트, 보통 초콜릿을 산 학생은 27퍼센트였다.

[실험2] 다음에는 가격을 각각 1센트 내려서 고급 초콜릿은 14센트, 보통 초콜릿은 0센트(무료)에 팔았다. 그러자 이번에는 무료가 된 보통 초콜릿이 압도적인 인기를 끌었다. 고급 초콜릿을 산 학생은 31

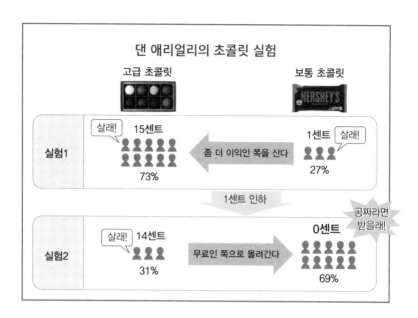

퍼센트, 보통 초콜릿을 선택한 학생은 69퍼센트였다.

사람은 물건을 살 때 설령 1엔짜리라 해도 '그 돈에 걸맞은 가치인가?'를 생각한다. 이것을 행동경제학에서는 '지출의 고통'이라고 한다. 그러나 무료가 된 순간 이 '지출의 고통'은 사라지며, 그 결과 고민 없이 상품에 손을 뻗으며 사용하기 시작한다. 그리고 이런 심리는 돈이 많은 남성 의사라 해도 다르지 않다. 참가비가 무료가 됨으로써 '지출의 고통'이 사라져서 '공짜라는데 참가해 볼까?'라고 생각하게 되는 것이다.

여성은 참가비가 무료인 맞선 파티도, 남성 의사는 참가비가 무료인 맞선 파티도 파티의 가치를 높여 줄 사람들의 참가비를 무료로 설정해 '지출의 고통'을 느끼지 않게 함으로써 그들의 참가를 유도한다. 그리고 이렇게 해서 파티의 매력도를 높임으로써 그 파티에 매력을 느껴 '돈을 내고서라도 참가하고 싶어 하는' 사람들을 모으는 것이다.

우리 주변을 둘러보면 무료 비즈니스를 곳곳에서 발견할 수 있다. 텔레비전 방송이나 라디오 방송도 무료이고, 구글 검색이나 페이스북도 무료다. 한때 유행했던 0엔 휴대선화도 마찬가지다. 요리법 검색 사이트인 쿡패드나 맛집 검색 사이트인 타베로그도 무료다. '광고비로 수익을 내고 있겠군'이라든가 '통신비로 단말기 가격을 회수하는 방식이겠지'라고 예상할 수는 있지만, 그렇게 하면서까지 무료화하는 이유는 인간의 심층 심리와 관련이 있다.

인간은 '무엇인가를 잃는' 것을 본능적으로 두려워한다. 그리고 유료 상품을 사면 돈을 잃는다. 무료가 주는 매력의 본질은 '잃고 싶지 않다'라는 두려움인 것이다. 설령 돈이 많은 사람이라도 '잃고 싶지 않다'는 두려움을 느끼는 것은 매한가지이며, 따라서 무료는 누구에게나 강력한 매력을 발휘한다.

이 무료 비즈니스 시스템은 때때로 사회를 바꿀 정도의 힘을 지니고 있다.

수수료가 0엔인 중국에서는
노숙자도 전자화폐를 사용한다

내 후배가 회사원을 그만두고 레스토랑을 열었다. 작고 아담한 가게로, 가격을 생각하면 요리의 맛이 상당히 좋았다. 그런데 내가 식사를 마치고 전자화폐로 음식값을 계산하려 하자 후배가 미안한 표정으로 이렇게 말했다.

"저흰 현금밖에 안 받아서……."

신용카드는 결제 수수료가 발생하고, 전자화폐도 전용 단말기가 필요하다. 맛있는 요리를 조금이라도 저렴한 가격에 제공하고 싶어서 경비 절감 목적으로 현금만 받는다고 한다.

이 음식점뿐만이 아니다. 일본에는 100엔 숍이나 일부 택시, 카페 등 많은 가게가 아직도 현금만 받고 있다. 전자화폐가 편리함에도 널리 보급되지 못하는 이유 중 하나는 가게의 부담이 크기 때문이다.

한편 중국은 일본을 훨씬 앞질러 가고 있다. 이미 현금은 거의 사용되지 않는다. 심지어 노숙자에게도 전자화폐가 보급되었을 정도다. 중국 노숙자들은 길거리에서 구걸을 할 때 빈 깡통 대신 QR코드를 인쇄한 종이를 놓아둔다. 노숙자에게 돈을 주려는 사람은 그 QR코드를 스마트폰으로 읽어서 인터넷을 경유해 노숙자에게 송금한다. 이것은 돈을 받는 쪽의 전자화폐 이용 수수료를 무료로 설정한 덕분이다. 또한 'QR코드를 인쇄한 종이와 스마트폰만 있으면 끝'이라는 간편함도 보급의 허들을 크게 낮추는 데 공헌했다.

반면 번거롭기도 하고 가게가 수수료 부담도 짊어져야 하는 일본의 전자화폐는 '사실은 전자화폐의 보급을 원치 않는 게 아닐까?'라는 억측마저 들게 할 만큼 도입의 허들이 높다.

현재 중국의 전자화폐는 인터넷 기업인 알리바바의 '알리페이'와 텐센트의 '위챗페이'라는 시스템으로 제공되고 있다. 그렇다면 알리페이와 위챗페이는 어떻게 수익을 내고 있을까? 수억 명이 사용한다면 수익을 낼 방법은 다양하다. 신용 결제를 지원해서 이자를 받을 수도 있고, 앱에 광고를 실어서 광고비를 받을 수도 있다. 또한 결제 데이터를 활용해 다양한 업자에게 서비스를 제공할 수도 있다. 알리바바는 전자화폐의 결제 이력을 활용해 은행 등 돈을 빌려주는 곳에 돈을 빌리려는 이의 신용정보를 제공하는 '지마신용(세서미크레딧)'이라는 서비스도 시작했다. 개인 정보를 멋대로 사용하는 것이기에 일본에서라면 큰 사회 문제가 될 수 있지만, 중국에서는 신용 등급이 높은 사람은 유리한 조건에 대출을 받을 수 있기 때문에 오히려 이용자가 적극적으로 정보를 제공하고 있다고 한다.

알리바바도 텐센트도 결제 수수료를 무료로 해서 전자화폐를 단번에 널리 보급함으로써 엄청난 수의 사람을 모은 다음 이것을 이용해 수익을 내는 시스템을 만들었다. 이것도 무료 비즈니스가 사회를 바꾼 한 가지 예다.

2018년에 들어와 일본에서도 전자화폐의 보급을 노리는 서비스가 급격히 증가했다. 중국과 마찬가지로 QR코드와 스마트폰의 조합, 그리고 수수료 0엔을 어필하는 서비스도 있다. 향후 전개가 주목된다.

텅텅 비었던 스키장이 '19세 무료'로 대부활

일본에도 무료 비즈니스의 사례는 많다.

가령 오랜 기간 경영에 어려움을 겪었던 한 스키장이 지금 부활의 날갯짓을 하고 있는데, 이것은 '스노우매직! 19'라는 무료 비즈니스의 성과다. 1일에 수천 엔이나 하는 스키장 리프트권은 청년들에게 부담이 가는 지출이다. 그래서 이 스키장은 19세의 리프트권 가격을 무료로 만들었다. 그러자 2016년에는 19세 6.5명 중에 한 명이 이 스키장을 이용했다고 한다. 청년들 사이에서 큰 인기를 모은 것이다.

그런데 왜 19세만 무료로 했을까? 스키는 대학 시절에 시작하지 않으면 평생의 취미가 되지 않는다. 그러나 청년들은 스키장의 매력을 모른다. 애초에 스키장의 매력은 투박한 남성이 시원시원하게 활주하는 모습이 멋있다든가, 니트 모자에 스키복을 입은 여성이 평소보다 30퍼센트는 더 귀엽게 보인다든가 하는 '겔렌데 매직'이다.

따라서 일단은 스키장에서 실제로 스키의 즐거움을 경험시킬 필요가 있다. 그래서 '스노우매직! 19'를 시작한 것이다. 항상 같은 또래가 함께 몰려다니는 청년들 사이에서는 입소문이 강력하게 작용한다. 그리고 청년들 사이에서도 스키 마니아는 5퍼센트 정도에 불과하다. '스노우매직! 19' 덕분에 그들이 부담 없이 친구들에게 스키장을 권할 수 있게 되었고, 입소문을 통해서 스키가 널리 확산된 것이다.

쉽게 응용 가능한 무료 비즈니스
— 체험 이벤트, 추가 선물

사람들은 '무료 비즈니스는 아마존이라든가 구글이라든가 페이스북처럼 굉장히 선진적인 대기업이 큰돈을 들여서 대규모로 실시하는 것'이라고 생각하는 경향이 있다. 그러나 무료 비즈니스의 근간에 있는 사고방식은 '무료로 해서 지출의 고통을 없앰으로써 많은 사람이 사용하도록 만든다'는 것이다. 이 포인트만 정확하게 짚는다면 여러분이 지금 하고 있는 사업에서도 의외로 쉽게 응용이 가능하다.

예를 들어 여러분이 독자적인 식재료를 매입해 자신의 가게에서 팔고 있다고 가정하자. 그 식재료를 사용하면 맛있는 요리를 만들 수 있다. 그러나 좀처럼 팔리지 않는다. 그럴 때는 그 식재료를 활용한 요리법을 책자로 만들어서 무료로 배포하는 방법도 있다. 이 방법으로 성장한 것이 전 세계 레스토랑을 별의 수로 평가하는 〈미쉐린 가이드〉다.

여러분은 〈미쉐린 가이드〉가 원래 무료였다는 사실을 알고 있는가? 타이어 제조사인 미쉐린은 1900년 파리 만국 박람회에서 최초의 〈미쉐린 가이드〉 3만 5,000부를 무료로 배포했다. 이것은 당시 보급되기 시작한 자동차 운전자용 가이드북으로써, 주유소나 자동차 정비소 등의 정보를 정리한 책이었다. 그리고 1926년부터 요리를 제공하는 호텔을 별의 수로 평가하게 되었다. 〈미쉐린 가이드〉는 원래 미쉐린이 자사 상품인 타이어 가치를 높이기 위해 무료 배포하던 책자인 것이다. 여러분이 파는 식재료의 평가를 높이는 무료 요리법 가이드도 어쩌면 장래에는 〈미쉐린 가이드〉와 같은 존재가 될지도 모른다.

방법은 그 밖에도 있다. '처음 한 번은 무료 서비스'도 무료 비즈니스 중 하나다. 가령 대부분의 디지털 신문은 최초 구독 한정으로 1개월간의 무료 체험 서비스를 제공한다. 마음에 들지 않을 경우 무료 체험 기간 중에 해약하면 돈을 내지 않아도 되며, 마음에 들 경우는 무료 체험 기간이 지나서 유료로 전환된 뒤에도 그대로 구독하면 된다. 무료 체험 기간에는 지출의 고통이 없는 만큼 서비스 이용의 허들이 크게 낮아지는 것이다.

'O개를 사면 추가로 1개를 무료 제공'도 무료를 어필해서 '지출의 고통'을 없애는 방법이다. 예를 들어 '정가 100엔의 상품을 4개 사면 추가로 1개를 무료 제공'이라는 이벤트는 따지고 보면 '5개를 살 경우 합계 500엔인 것을 20퍼센트 할인해서 400엔에 판매'와 마찬가지다. 요컨대 실제로는 무료가 아닌 할인이다. 그런데 할인판매에는 전혀 반응하지 않던 고객이 '4개를 사면 1개 무료'라는 말을 듣는 순간 '지출의 고통 소멸 스위치'가 들어오면서 '이 기회를 놓치면 손해야!'라고 척수 반사를 일으켜 그 상품을 구매해 버리는 것이다.

이 방법의 좋은 점이 또 한 가지 있다. 고객이 '20퍼센트 할인'이라고 인식하지 않는다는 것이다. 덕분에 그 상품의 가격에 대한 고객의 앵커링은 변함없이 정가에 고정된다.

한편, 처지를 바꿔서 여러분이 고객이라면 "O개를 구입하시면 1개를 무료로 드립니다"라는 말을 들었을 때 잠시 '정말로 O개씩이나 살 필요가 있을까?'를 생각해 볼 필요도 있다.

무료 비즈니스의 네 가지 유형

그렇다면 어떤 시스템의 무료 비즈니스를 개발해야 할까? 세계적인 베스트셀러 『프리 : 비트 경제와 공짜 가격이 만드는 혁명적 미래』를 쓴 크리스 앤더슨(Chris Anderson)은 무료 비즈니스를 네 가지 유형으로 분류했다. 그 네 가지를 하나하나 살펴보자.

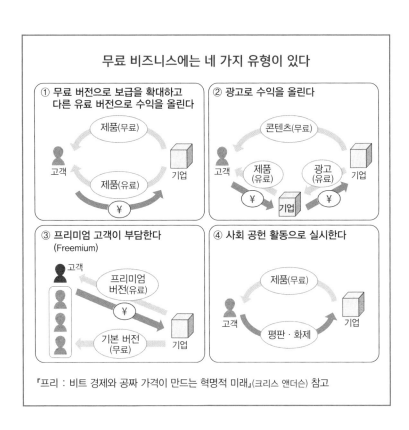

무료 비즈니스에는 네 가지 유형이 있다

① 무료 버전으로 보급을 확대하고 다른 유료 버전으로 수익을 올린다

제품(무료)
고객
기업
제품(유료)
¥

② 광고로 수익을 올린다

콘텐츠(무료)
고객
제품 (유료)
광고 (유료)
기업
¥
기업
¥

③ 프리미엄 고객이 부담한다 (Freemium)

고객
프리미엄 버전(유료)
¥
기본 버전 (무료)
기업

④ 사회 공헌 활동으로 실시한다

제품(무료)
고객
평판 · 화제
기업

『프리 : 비트 경제와 공짜 가격이 만드는 혁명적 미래』(크리스 앤더슨) 참고

① 무료 버전으로 보급을 확대하고 다른 유료 버전으로 수익을 올린다

고객이 원하는 상품을 무상으로 제공하고 다른 유료 상품으로 수익을 회수하는 방식이다. 가령 0엔 휴대전화는 휴대전화 본체를 무료로 제공하고 통신 요금으로 회수한다. 맞선 파티도 무료 참가자의 비용을 유료 참가자들이 부담하고 있다. 또한 초기 〈미쉐린 가이드〉는 자동차용 가이드북을 무료로 배포하고 이 비용을 타이어 판매 등으로 회수했다.

② 광고로 수익을 올린다

광고로 수익을 올리는 모델 덕분에 우리는 텔레비전이나 라디오 방송을 무료로 보고 들을 수 있다. 우리가 사는 상품의 가격에 광고비가 포함되어 있기 때문이다.

아직 인터넷이 보급되지 않았던 시절, 일본의 편의점에 가면 리쿠르트가 발행하는 〈주간 주택정보〉라는 두꺼운 잡지를 잡지 코너에서 볼 수 있었다. 수많은 주택 정보가 망라되어 있어서 집을 찾을 때는 필독서였다. 그런데 독자는 이 잡지를 정가에 샀지만 리쿠르트는 편의점으로부터 그 잡지 대금을 회수하지 않았다. 잡지 매출은 온전히 편의점 몫이었던 것이다. 그래서 편의점들은 흔쾌히 〈주간 주택정보〉를 들여놓았고, 리쿠르트는 판로를 급속히 확대할 수 있었다. 그 결과 〈주간 주택정보〉는 많은 판매량을 기록하며 가치가 높아졌고, 리쿠르트는 이 잡지에 주택 물건의 정보를 싣고 싶어 하는 사람들에게서 매출을 올렸다.

요컨대 〈주간 주택정보〉는 판로인 편의점에 대한 '광고 모델'의 무료 비즈니스였다(현재 〈주간 주택정보〉는 〈SUUMO 매거진〉이라는 무가지가 되었다).

③ 프리미엄 고객이 부담한다(Freemium)

'Freemium'은 무료(Free)와 할증금(Premium)을 조합한 말이다. 무료 버전으로 보급을 확대하고 유료 버전으로 돈을 회수하는 것이다.

예를 들어 우리 집에서는 요리법 검색 사이트인 '쿡패드' 덕분에 맛있는 요리를 만들고 있다. 월정액 280엔을 내고 프리미엄 회원이 되면 요리법을 인기도 순으로 검색할 수 있게 되어 맛있는 요리를 만드는 방법을 좀 더 쉽게 찾아낼 수 있게 된다.

또한 나는 '타베로그'로 맛집을 찾을 때가 많은데, 이 경우도 월정액 300엔을 내고 프리미엄 회원이 되면 순위 검색이 가능해질 뿐만 아니라 쿠폰도 받을 수 있다. 모임의 총무에게는 매우 편리한 기능이다.

'쿡패드'와 '타베로그' 모두 무료 사용자의 수를 늘린 다음 일부(수 퍼센트) 유료 회원에게서 매출을 올리고 있다.

이것을 보면 언뜻 백화점 지하 식품 코너의 시식회와 비슷하다는 생각이 들 수도 있다. 시식도 무료다. 그러나 Freemium과 시식회의 큰 차이점은 바로 비용이다. 상품 한 개 혹은 사용자 한 명을 늘리기 위해 필요한 비용을 '한계 비용'이라고 하는데, 시식회의 한계 비용은 수십 엔이다. 그러나 쿡패드나 타베로그 같은 인터넷 서비스는 사용자가 한 명 늘어나도 들어가는 비용에 차이가 거의 없기 때문에 한계 비용이 제로에 가깝다. 무료 사용자를 늘리더라도 그 비용은 수 퍼센트의 유료 사용자에게서 올리는 매출로 지탱할 수 있다.

이와 같이 Freemium은 인터넷 서비스에서 특히 큰 가치를 발휘한다. 스마트폰으로 인터넷을 사용할 수 있게 된 덕분에 Freemium은 이제 우리 생활의 일부가 되었다.

④ 사회 공헌 활동으로 실시한다

사회 공헌 활동에도 무료 비즈니스 시스템을 활용할 수 있다. 우리는 무엇인가 모르는 말이 나오면 즉시 스마트폰을 들고 인터넷에서 검색을 한다. 그러면 대부분은 위키백과에서 상세한 설명을 찾을 수 있다. 이 위키백과의 정보는 금전적인 대가를 바라지 않는 자원봉사자들이 입력·갱신한다. 참고로 위키백과를 사용하다 보면 이따금 기부를 권하는 화면이 나오는데, 위키백과는 이 기부금으로 운영되고 있다.

일본 야후! 지식검색이나 네이버 지식iN의 경우도 답변자가 무보수로 질문자의 고민에 대답해 준다. '다른 사람에게 도움이 되고 싶다'는 마음이 있으면 인터넷을 이용해 최소한의 비용으로 사람들에게 도움이 될 수 있는 것이다.

무료 비즈니스의 핵심과 주의점

'그렇군! 무료로 하면 되는 것이었구나. 우리도 지금 당장 무료화하자!'

이렇게 생각하는 사람도 있을지 모르는데, 그랬다면 다시 한 번 생각해 보기 바란다. 세상이 무료 비즈니스를 하면 반드시 수익을 낼 수 있을 만큼 만만한 곳은 아니다. 사실 무료 비즈니스에는 오히려 매우 무서운 측면도 있다.

먼저 무료 비즈니스의 핵심을 제대로 이해해야 한다.

■ 이익을 낼 수 있는가?

비즈니스를 계속하기 위해서는 이익을 내야 한다. '무료 비즈니스'라고 하면 왠지 멋지게 들리겠지만, 이것은 어디까지나 '비즈니스'이지 '자선 사업'이 아니다. 무료 비즈니스를 계속하려면 확실하게 이익을 낼 수 있는 시스템이 필요하다. 무료화를 통해서 '지출의 고통'을 없애 신규 고객을 획득한 뒤 어디에서 매출을 올리고 어떻게 이익을 만들어낼지 고민해야 한다. 이익을 내지 못하는 무료 비즈니스는 지속이 불가능하며, 그 결과 사용자에게도 피해를 주게 된다.

■ 무료이기에 더욱더 고품질이어야 한다

'무료니까 품질은 낮아도 되겠지'라고 생각한다면 그것은 큰 착각이다. 백화점 지하 식품 코너에서 시식을 했는데 맛이 없다면 여러분은 그 상품을 사겠는가? 당연히 안 살 것이다. 시식한 상품이 맛있어야 살 마음이 생기는 것이다. 무료 비즈니스도 마찬가지다. 많은 사람이 사용하기에 더욱더 무료라 해도 고품질로 만들 필요가 있다.

저품질의 무료 버전을 대량으로 배포하는 것은 굳이 수고를 들여서 나쁜 평판을 퍼트리는 것과 다름없다.

■ 무료의 범위를 어떻게 결정하느냐가 매우 중요하다

무료로 제공할 경우는 신중하게 고민해서 무료 제공의 범위를 결정하거나 무료 제공 기간을 설정하거나 상품에 기능 제한을 둬야 한다.

'스노우매직! 19'는 리프트권 무료의 대상을 19세로 한정했다. 전원 무료가 아닌 것이 중요한 포인트다. 스키장을 부활시킬 방법을 고민한 결과 '대학생이 스키를 경험히도록 유도하는 것이 중요하다'라는 결론에 도달했기에 19세를 타깃으로 삼아서 리프트권을 무료화한 것이다.

리프트권 매출은 스키장의 매우 큰 수익원이다. 만약 모든 고객의 리프트권을 무료화하면 큰 적자에 빠질 수밖에 없다. 그리고 무엇보다도 19세인 사람들에게 '이것은 우리에게 보내는 메시지구나'라는 특별한 감정을 심어 줄 수가 없다. 스키장에 와 줬으면 하는 대상을 명확히 하고 그 사람들에게 무료 서비스를 제공했기에 성공할 수 있었던 것이다.

참고로 '스노우매직! 20'도 있다. 이것은 20세의 리프트권 가격을 최대 절반까지 할인해 주는 이벤트로, '스노우매직! 19'를 통해 스키의 즐거움을 알게 된 19세가 이듬해에도 스키장을 찾아와 정착하도록 유도하려는 목적이 담겨 있다.

맞선 파티에서 여성의 참가비를 무료화하는 것도, 의사의 참가비를 무료화하는 것도 무료 비즈니스의 타깃을 명확하게 결정한 결과다. 쿡패드도 무료로 모든 요리법을 열람할 수 있지만 인기 요리법을 검색하는 기능은 유료이며, 타베로그도 무료로 맛집을 검색할 수 있지만 총무를 위한 인기 맛집 검색 기능이나 쿠폰 제공은 유료다.

이와 같이 무료의 범위를 전략적으로 결정할 필요가 있다.

■ 무료 비즈니스는 극약이다

내 아내는 예전에 어떤 요리 연구가의 요리 교실에 다닌 적이 있었다. 그 요리 연구가는 요리책을 여러 권 출판한 사람인데, 최근 들어서 책을 내지 않게 되었다. 그래서 이유를 물어보자 이렇게 대답했다고 한다.

"이젠 요리책을 내놓아도 안 팔리거든요. 쿡패드로 충분하니까요."

10년 전까지만 해도 요리법을 공부하려면 책을 사야 했지만, 이제는 무료가 상식이 되어 버렸다. 기존의 업자에게 무료 비즈니스는 극약이다. 시장을 파괴하는 힘을 지니고 있다.

무료화를 하면 소비자는 '공짜가 당연'해진다. 유료였던 것을 무료화했다가 나중에 다시 유료로 전환하면 이미 '공짜가 당연'해진 소비자는 지출의 고통을 예전보다 더욱 강렬하게 느껴서 전혀 사지 않게 된다.

가령 우리는 평소에 구글 검색을 무료로 이용하고 있다. 우리에게 '인터넷 검색은 무료'는 이미 상식이다. 그런데 만약 유료 인터넷 검색 서비스가 등장한다면 어떻게 될까? 아무리 기능이 좋다 해도 거의 이용하지 않을 것이다. 구글로 충분하기 때문이다. 게다가 구글을 능가하는 인터넷 검색 서비스를 실현하기는 매우 어렵다.

따라서 지금 하고 있는 비즈니스를 무료화할 생각이라면 먼저 충분히 고민한 다음 결정해야 한다. 특히 중소기업이 잘 팔리던 인기 상품을 갑자기 무료화해 버리는 것은 매우 위험한 일이므로 삼가야 한다. 나중에 "효과가 별로 없네. 다시 유료화하자"라고 결정해도 일단 무료가 되었던 것이 다시 유료가 되면 고객은 예전처럼 지갑을 열지 않게 되며, 이렇게 되면 충분히 버틸 능력이 없는 중소기업은 매우 힘들어질 수밖에 없다.

또한 앞에서 이야기했듯이 무료화할 범위도 신중하게 고민해야 한다. 가령 책의 경우 다짜고짜 전체를 무료 공개하면 책이 팔리지 않게 된다. 그러나 개중에는 전체를 공개해서 베스트셀러가 된 책도 있다. NHK출판은 앞에서 인용한 크리스 앤더슨의 『프리 : 비트 경제와 공짜 가격이 만드는 혁명적 미래』의 일본어판을 출판할 때 특별 사이트를 개설한 뒤 출판 전에 기간 한정으로 1만 명에게 책 전체를 공개했는데, 이것이 큰 화제를 불러일으켜 출간 후 베스트셀러가 되었다. 이것도 '화젯거리를 만들어서 종이책을 베스트셀러로 만든다'라는 명확한 목적을 위해 '출판 전의 일정 기간', '1만 명 한정'이라는 조건을 정하고 무료화를 실시한 성공 사례다.

거꾸로 생각하면, 잃을 것이 전혀 없는 신규 참가자에게 무료 비즈니스는 매우 강력한 무기가 될 수 있다. 다만 수익화의 전망이 확실히 서야 함은 이미 말한 바와 같다.

이와 같이 무료 비즈니스는 좋은 점도 많지만 과제도 많다. 그래서 아예 처음부터 무료 비즈니스를 포기하고 사용자에게 부담이 되지 않을 정도의 요금을 부과해 돈을 모으자는 목적으로 탄생한 것이 '정액 서비스'다. 이에 관해서는 다음 장에서 소개하겠다.

무료화하면 '지출의 고통'이 사라져
사용자가 급증한다.
고품질의 상품을 무료로 제공하고
이를 통해 수익을 내는 시스템을
모색하자.

- '무료는 지출의 고통을 없앤다'라는 핵심을 이해하면 여러분이 하고 있는 비즈니스에도 무료 비즈니스를 응용할 수 있다.
- 그때 무료 비즈니스의 네 가지 유형을 생각하자.
- 무료이기에 더욱더 고품질이어야 한다.
- 무료의 범위를 결정하자.
- 무료 비즈니스는 극약이다. 시작하기에 앞서 신중하게 고민하자.

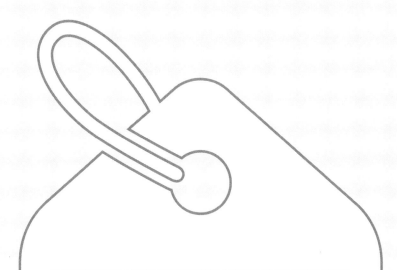

제 3 장

옷을 '팔기'보다
월 5,800엔에 '빌려주는' 쪽이
더 돈이 된다

서브스크립션 모델과 현상 유지 편향

그 편집자가 계속해서 자가용을 바꿀 수 있는 이유

페이스북을 보고 있자니 만족스러운 표정으로 검은색 프리우스의 보닛에 손을 올려놓은 여성 편집자의 사진이 올라와 있었다.

"오늘부터 내 애마"

내 기억이 맞는다면 그 편집자는 3개월 전에는 미니밴, 반년 전에는 컨버터블을 탔다. 경험상 금방 질려 하는 성격이기는 하지만 그렇다고 굉장한 고소득자는 아닌 것으로 아는데 어떻게 이렇게 몇 달에 한 번씩 차를 바꿀 수 있는 것일까? 요즘 유행하는 부업이라도 시작해서 주머니 사정이 갑자기 넉넉해진 것일까?

며칠 뒤, 업무 미팅에서 그 편집자를 만난 나는 은근슬쩍 자동차 이야기를 꺼내 봤다.

"그러고 보니 자동차를 새로 사셨더군요."

"아, 그거요? 새로 산 건 아니고 새로 빌린 거예요."

자동차를 바꿔 탈 수 있는 정액 서비스에 가입했다는 것이다.

나도 10년 전까지는 자가용을 갖고 있었다. 그러나 보험료와 세금, 유지 보수 등에 돈이 들어가는데다가 평소에 자동차를 탈 일이 거의 없어서 결국 처분해 버렸다. 그런데 그 편집자가 가입한 정액 서비스에는 자동차손해배상책임보험료와 세금, 차량 검사비가 포함되어 있다고 한다.

최근 들어 자동차를 자유롭게 바꿔 탈 수 있는 서비스가 늘고 있다. 개중에는 월 1만 엔대부터 시작하는 서비스도 있으며, 30만 엔을 내면 포르쉐 카이맨 같은 고급차를 3개월 동안 탈 수 있는 서비스까지 있다고 한다.

"세금도 자동차 검사도 번거롭고, 자동차도 오래 타면 질리고……. 옷을 갈아입듯이 자동차도 수시로 바꿔 탈 수 있으면 하는 생각이 들지 않나요? 다음에는 벤츠 소형차로 하려고요. 중고이기는 하지만요."

'소유'가 당연했던 자동차가 정액제 대여 서비스의 대상이 된 것이다.

옷도 정액제 대여 서비스

"옷을 갈아입듯이……"라고 말했지만, 사실 그 편집자는 패션에 전혀 관심이 없는 사람이다. 업무 미팅 때 만화에 나오는 개구리 캐릭터가 그려진 티셔츠를 입고 왔을 때는 차마 입 밖으로 꺼내지는 못했지만 '와, 이건 대체 무슨 센스……'라는 생각이 들기도 했다. 그래서 친구들한테 "패션에 좀 더 신경을 쓰는 게 어때?"라는 말도 듣는다고 한다.

그랬던 편집자가 갑자기 멋쟁이가 되었나. 인스타그램에는 세련된 옷을 입은 편집자의 사진이 계속해서 올라왔다. 그 사진을 보니 '갑자기 패션에 신경을 쓴다는 것은……. 사귀는 사람이라도 생겼나?'라는 생각도 들었다.

그러던 어느 날, 그 편집자와 편집 미팅을 하게 된 나는 미팅을 마치고 잡담을 나눌 때 지나가듯이 물어봤다.

"요즘 멋쟁이가 되셨네요."

말을 꺼내 놓고는 '아, 이거 혹시 성희롱인가?'라는 생각이 들어 순간 당황했지만, 본인은 신경 쓰지 않는 눈치였다.

"옷을 고르는 게 귀찮더라고요."

'……?'

무슨 말을 하는 것인지 이해가 되지 않았지만, 이미 말을 꺼냈으니 대화를 계속해 보기로 했다.

"굉장히 분위기 있어 보여요."

"사실 제가 고른 게 아니에요."

'……?'

좀 더 이야기를 들어 보니 정액제 '옷 대여 서비스'를 이용하고 있다고 한다. 이번에도 정액제 서비스다. 스타일리스트가 옷을 골라 한 번에 세 벌씩 보내주는데, 세탁하지 않고 반납할 수 있으며 마음에 드는 옷은 반납하는 대신 살 수도 있다고 한다.

"저희 집이 좁아서 옷을 보관할 공간이 없기도 하고, 어떤 옷을 살지 고민할 필요도 없어서 좋아요. 제가 직접 고르면 이상한 옷만 사기도 하고요."

본인도 자신의 패션 센스에 대해 고민이 많았던 모양이다.

이와 같이 자동차뿐만 아니라 옷까지도 어느 틈엔가 정액제 대여 서비스의 대상이 되어 있었다.

어느 틈엔가 급속히 확대되고 있는 서브스크립션 모델

그날 밤에 텔레비전을 보던 나는 또 한 번 놀랐다. 일정 금액을 내면 라멘을 마음껏 먹을 수 있는 서비스도 있다는 것이다. '야로 라멘'은 하루에 라면 한 그릇을 먹을 수 있는 정액제 서비스인 '하루 한 그릇 야로 라멘 생활'을 시작했다(대상은 18~38세의 소위 '야로 세대'다). 요금은 8,600엔으로, 780엔짜리 간판 상품인 '돈코쓰야로' 라면을 1개월에 12그릇만 먹어도 본전을 뽑을 수 있다. 내 경우는 고기의 양도 많고 맛이 진해서 '매일 먹기는 무리이고 주 3회가 한계'라고 생각하지만, 소비자의 반응은 뜨거웠다. 1개월 동안 하루도 빠짐없이 이용한 열성 고객도 7명이나 있어서 가게에서 감사장을 전달했다고 한다.

'정액제 서비스가 이렇게까지 확산되고 있었구나!'

나는 제대로 알아봐야겠다고 생각해 즉시 조사를 시작했다. 그랬더니 역시나 정말 다양한 정액제 서비스가 존재했다.

> 월정액 5,800엔에 커피를 마음껏 마실 수 있는 카페
>
> 월정액 1,500엔에 모든 지점을 이용할 수 있는 노래방 체인
>
> 월정액 6,800엔에 명품백을 마음껏 빌려서 쓸 수 있는 서비스
>
> 월정액 2,000엔에 자동차를 마음껏 빌려 탈 수 있는 서비스

생각해 보면 넷플릭스도 월정액 800엔에 영화와 드라마를 마음껏 볼 수 있는 서비스다. 또한 스포티파이는 월정액 980엔을 내면 좋아하는 음악을 마음껏 들을 수 있다. 도코모의 'd매거진'은 월정액 400엔에 200가지가 넘는 잡지를 자유롭게 읽을 수 있다.

이처럼 회원제로 고정 요금을 징수하는 비즈니스를 '서브스크립션 모델'이라고 한다. '서브스크립션'이라고 하면 왠지 거창하게 들리지만, 잡지 등의 정기 구독을 영어로 '서브스크립션(subscription)'이라고 한다. 요컨대 옛날부터 우리들이 친숙하게 이용했던 정기 구독의 개념인 것이다.

그렇다면 예전부터 있었던 서브스크립션 모델이 왜 지금 갑자기

확산되고 있는 것일까?

서브스크립션 모델의 적은 '무임승차'다. 계약을 하지 않았으면서 무임승차로 서비스를 받는 사람이 늘어나면 비즈니스가 성립되지 않는다. 2017년 12월, 중국 쓰촨성 청두 시에 있는 매운 요리 전문 식당이 "월 2,000엔을 내고 회원이 되면 1개월간 요리를 마음껏 먹을 수 있습니다"라는 행사를 실시했다. 이 행사는 뜨거운 관심을 불러 모아 매일 500명 이상이 가게를 찾아왔는데, 타인의 회원증을 빌려서 오는 손님이 속출했다. 개중에는 음식을 먹고 가는 데 그치지 않고 커다란 용기에 요리를 담아 가는 사람도 있었다. 당연히 가게는 큰 적자를 봤고, 결국 1개월도 되지 않아 문을 닫고 말았다고 한다.

'무임승차'만큼 무서운 적이 없는 것이다.

그런 서브스크립션 모델이 최근 들어서 확산된 이유 중 하나는 스마트폰의 보급 덕분에 본인 인증 작업을 쉽고 확실하게 할 수 있어 서비스 개시 비용이 감소한 것이다.

이유는 알았지만, 또 다른 의문이 솟아난다. 애초에 '마음껏 ~할 수 있는 서비스'로 수익을 낼 수 있는 것일까?

'd매거진'으로 출판사가 수익을 낼 수 있는 이유

2015년, 의류 회사인 스트라이프 인터내셔널은 월정액 5,800엔에 옷을 마음껏 빌려 입을 수 있는 서비스인 '메차카리'를 시작했다. 신상품을 한 번에 세 벌까지 빌릴 수 있고, 60일 이상 연속 대여한 옷은 고객이 가질 수 있다.

처음에는 주변 사람 모두가 "이런 서비스를 시작하면 옷이 팔리지 않게 될 것"이라며 반대했다고 한다. 그러나 실제로 해보니 자사의 점포나 인터넷 쇼핑몰이 서로 제 살을 깎아 먹는 상황은 일어나지 않았다. 서비스 이용자의 3분의 2가 그전까지 접점이 없었던 신규 고객이었던 것이다. 당초에는 '좋아하는 옷을 마음껏 이용하고 싶어 하는 사람들'이 이용할 것으로 예상했지만, 실제로는 '옷을 고르기가 귀찮은 사람들'에게 인기를 모았다.

특히 의외였던 점은 메차카리로 옷을 빌렸다가 마음에 들면 그 옷을 사는 사람이 꽤 많다는 사실이었다. 반년 만에 15만 엔을 사용한 사람도 있었다고 한다. '월정액 시착(試着) 서비스'로 이용하는 것이다.

메차카리에서는 신상품을 빌려주고 사용자가 옷을 반납하면 깨끗하게 세탁해 중고로 재판매한다. 신상품을 판매하고, 정액제 대여 서비스를 하며, 반납된 옷은 중고로 판매한다. 이 시스템은 신차, 렌터카, 중고차라는 복수의 판매 채널을 보유한 자동차 회사를 참고로 삼았다고 한다.

월정액 400엔에 잡지를 마음껏 읽을 수 있는 'd매거진'은 등록 사용자 수가 363만 명이며 연간 매출은 174억 엔에 이른다(2017년 3월 현재). 잡지를 사지 않고 편의점에서 잠시 읽다 가는 라이트 유저를 노린 서비스인 까닭에 종이 잡지 독자와 'd매거진' 독자가 겹치는 경우는 많지 않다. 잡지사 쪽에서는 독자의 수가 1.6배로 증가했으며 오히려 잡지 광고 효과가 상승했다고 한다. 또한 매출은 읽은 페이지 수에 비례해서 각 출판사에 분배된다. 현재 'd매거진'은 잡지 출판사에 없어서는 안 될 매체가 되었다. 정액제 서비스를 시작함으로써 '편의점에서 잡지를 읽고 가는 고객'을 새로운 수입원으로 삼은 것이다.

또한 옛날부터 있었던 생명보험이나 손해보험, 전력회사, 통신회사 등도 서브스크립션 모델인데, 이들 업계도 굉장한 고수익을 올리고 있다.

자, 이제 '마음껏 ~할 수 있는 서비스'가 안정적으로 수익을 낼 수 있다는 사실을 알았다. 그렇다면 왜 수익을 낼 수 있는 것일까?

행동경제학으로 이해하는 서브스크립션 시스템

나는 옷을 고르는 데 서툴다. 그래서 매번 같은 옷만 입는다. 생각하지 않아도 돼서 편하기 때문이다. 그러나 옷이 해지면 그때는 새로 살 수밖에 없는데, 슬프게도 옷을 고르는 안목에 전혀 자신이 없는 까닭에 반드시 아내와 함께 옷을 사러 간다. 그리고 아내가 "이거 잘 어울려"라고 말해 주는 옷을 그대로 산다.

나만 그러는 건가 생각했는데, 나 같은 사람이 의외로 많은 모양이었다.

 '선택'은 인간에게 스트레스를 유발한다. 무엇인가를 고를 때는 다른 선택지를 버려야 한다. 그래서 인간은 무의식중에 '가능하다면 현재의 상태를 유지하고 싶다'고 생각한다. 이것을 행동경제학에서는 '현상유지 편향'이라고 한다.

 옷을 고르는 데 서툴다는 점은 그 여성 편집자도 마찬가지였다. 그래서 그 편집자는 옷 대여 서비스에 가입해 전문가에게 코디네이션을 맡김으로써 '어떤 옷을 사야 할까?'라는 선택의 고민으로부터 해방된 것이다.

 또한 고객이 서브스크립션 모델을 이용하기 시작하면 이 현상유지 편향이 발동해 어지간해서는 해지하지 않게 된다. 가령 수년 전에 등장한 알뜰폰은 통신비를 크게 절약할 수 있음에도 좀처럼 보급되지 않고 있다. 아직도 많은 사람이 도코모나 KDDI, 소프트뱅크라는 기존의 대형 이동통신사를 이용하고 있는데, 이것도 현상유지 편향이다. 통신사 변경도 요금제 변경도 귀찮다. 그래서 바꾸면 저렴해지는 줄 알면서도 바꾸지 않는 것이다.

 또한 인간은 본능적으로 무엇인가를 사용할 때마다 돈이 나가는 것을 굉장히 싫어한다. 그런데 정액제 서비스를 이용하면 '돈을 낸다'는 프로세스가 사라진다. 반대로 아무리 사용해도 내는 비용이 늘어나지 않으므로 '안 쓰면 손해'라고 생각하게 된다. 이 '손해를 보고 싶지 않다'는 심리는 바로 앞에서 소개한 '프로스펙트 이론'이다.

인간은 손실에 민감하다. 그래서 서브스크립션 모델에 가입하면 '손해를 봐서는 안 된다'고 생각해 더욱더 이용하게 된다. 그리고 음식점의 경우는 그 가게를 계속 이용하면서 다른 메뉴도 주문하게 된다.

게다가 서브스크립션 모델은 그때까지 비싸다는 이유로 사지 않던 고객도 끌어들인다. 고액의 상품도 매번 소액만을 지급하면서 사용할 수 있기 때문이다. 이를테면 다이슨의 청소기나 선풍기는 수만 엔에서 10만 엔이나 되는 것도 있는 까닭에 갖고 싶어도 비싸서 사지 못하는 사람이 적지 않다. 그래서 다이슨은 매달 대수 한정으로 '다이슨 테크놀로지 플러스 서비스'를 실시하고 있다. 다이슨의 제품(6종류)을 최소 월 1,000엔의 이용료로 사용할 수 있으며, 심지어 최단 2년마다 최신 기종으로 교체할 수 있다. 이것도 '다이슨의 제품을 갖고는 싶지만 비싸서 구입하지 못하는' 사람들에게 접근하기 위한 방법이다.

고객 충성도를 높여서 팬을 만든다

그런데 사실 '고객'에는 여러 종류가 있다. 그리고 고객의 종류를 분류할 때 도움이 되는 것이 '고객 충성도'라는 개념이다. '고객 충성도'를 기준으로 분류하면 고객은 '잠재 고객 → 가망 고객 → 신규 고객 → 반복 구매 고객 → 단골 고객 → 충성 고객'으로 진화한다.

'반복 구매 고객', '단골 고객'은 몇 번이고 상품이나 서비스를 사거

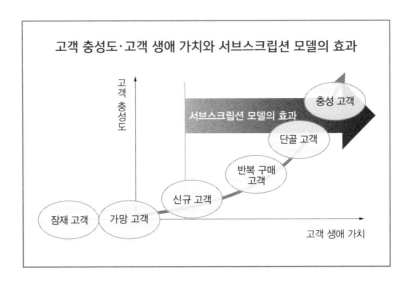

고객 충성도·고객 생애 가치와 서브스크립션 모델의 효과

고객 충성도

서브스크립션 모델의 효과

충성 고객

단골 고객

반복 구매 고객

신규 고객

잠재 고객

가망 고객

고객 생애 가치

나 이용해 준다. 그리고 '브랜드 신자'가 되면 마치 자신이 영업사원이기라도 한 것처럼 열심히 지인에게 상품을 권한다. 고객 충성도가 높은 고객은 기업에 가져다주는 수익의 총액도 큰 것이다. 이렇게 고객이 기업에 가져다주는 가치의 총량을 '고객 생애 가치'라고 한다. 고객 충성도가 높은 고객은 '고객 생애 가치'도 높다.

서브스크립션 모델을 통해 소비자는 서비스를 좀 더 자주 이용할 수 있게 되며, 그 과정에서 정액제 서비스 대상 이외의 사이드 메뉴를 추가 주문하게 된다. 서브스크립션 모델은 소비자의 충성도를 높여서 고객을 확보하는 효과도 있는 것이다(고객 충성도에 관해서는 제7장에서 자세히 소개하겠다).

서브스크립션 모델은 이렇게 해서 수익을 낸다.

서브스크립션 모델을 통해서 쌓은 데이터는 보물이 된다

서브스크립션 모델에는 그 밖에도 커다란 이점이 있다. 고객의 데이터다.

가령 전 세계의 1억 2,500만 세대에 영화와 드라마를 발신하고 있는 넷플릭스의 예를 살펴보자. 사용자는 하루 평균 2시간 이상 넷플릭스를 시청하는데, 넷플릭스는 이 방대한 시청 정보를 바탕으로 각 사용자의 취향을 2,000종류로 분류해 사용자의 취향에 맞춰서 영화나 드라마를 추천하고 있으며 이것이 다시 시청률과 시청 시간 확대로 이어지고 있다.

넷플릭스는 2018년에 장편 영화 80편을 제작했으며 동영상 콘텐츠 제작비로 무려 약 130억 달러를 사용했다. 이것은 할리우드의 모든 영화 스튜디오 제작비 합계를 능가하는 액수라고 하는데, 이 또한 데이터를 활용해서 수많은 사용자를 만족시키고자 끊임없이 노력한 결과다.

팔아서 수익을 내는 것이 아니라 이용하게 해서 수익을 낸다 ― 리커링 모델

서브스크립션 모델처럼 정기적인 수입을 얻음으로써 매출을 올리는 비즈니스 모델을 '리커링 모델'이라고도 부른다. 리커링(recurring)은 '반복해서 발생한다'는 의미다. 말 그대로 매출이 반복해서 발생하는 것이 리커링 모델이다.

　지금 많은 기업이 안정적인 매출을 위해 리커링 모델로 전환하려 하고 있다. 제품 판매의 경우, 팔 때마다 고객에게 지갑을 열어야 할 이유를 수긍시켜야 한다. 세질에 따라 잘 팔리는 시기와 팔리지 않는 시기가 있으므로 매출도 안정적이지 못하다. 그러나 정액제 서비스와 같은 서브스크립션 모델로 바꾸면 매출의 편차가 사라진다. 그리고 제품을 판매한 뒤에도 지속적으로 매출을 얻을 수 있게 된다.

　그 유명한 애플도 리커링 모델로 전환하려 하고 있다. 애플의 주된 매출은 맥(매킨토시)이나 아이폰 등의 제품 판매에서 발생하지만, 다음 페이지의 위쪽 그래프에 나오듯이 1년을 단위로 보면 계절의 변화나 최신 제품의 성공 여부에 따라 매출이 크게 변동된다. 그래서 애플은 서비스 매출을 확대하고 있다. 이것은 아이튠즈나 아이클라우드 등의 데이터 관리 서비스나 앱 등의 판매를 통한 매출이다. 다음 그래프를 보면 알 수 있듯이 서비스 매출은 2013년부터 5년 사이에 두 배 이상 성장했으며, 게다가 안정적인 추이를 보이고 있다. 방대한 수의 애플 사용자들은 경기가 조금 나빠졌다고 해서 이들 서비스를 해지하지 않는다. 그래서 매출도 안정적이다.

　회사의 전체 매출에서 서비스 매출이 차지하는 비중은 2013년 제3사분기에 11.3퍼센트였던 것이 5년 사이 17.9퍼센트로 확대되었다.

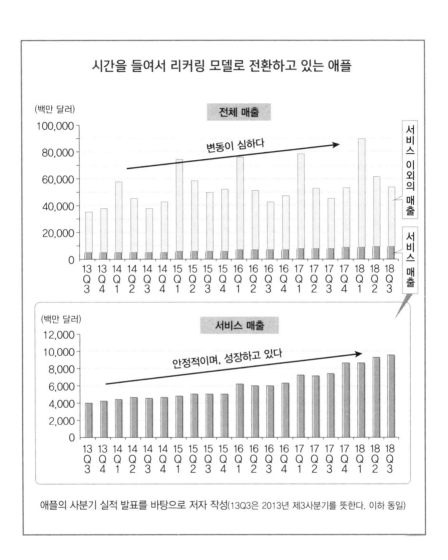

시간을 들여서 리커링 모델로 전환하고 있는 애플

(백만 달러)

전체 매출

변동이 심하다

서비스 이외의 매출

서비스 매출

| 13 Q3 | 13 Q4 | 14 Q1 | 14 Q2 | 14 Q3 | 14 Q4 | 15 Q1 | 15 Q2 | 15 Q3 | 15 Q4 | 16 Q1 | 16 Q2 | 16 Q3 | 16 Q4 | 17 Q1 | 17 Q2 | 17 Q3 | 17 Q4 | 18 Q1 | 18 Q2 | 18 Q3 |

(백만 달러)

서비스 매출

안정적이며, 성장하고 있다

애플의 사분기 실적 발표를 바탕으로 저자 작성(13Q3은 2013년 제3사분기를 뜻한다. 이하 동일)

애플은 천천히 시간을 들여서 서비스 매출을 성장시킴으로써 안정적인 매출 체질로 개선하고 있는 것이다.

소니도 플레이스테이션을 통한 동영상 발신 서비스나 회원제 유료 음악 발신 서비스를 운영하는 등 "리커링 모델로 전환하고 있다"고 밝혔다. 리커링형 사업의 비중은 2016년에 35퍼센트였던 것이 2018년에는 40퍼센트까지 확대되었다고 한다.

이와 같은 관점에서 보면 아마존의 정말 대단한 점이 무엇인지 깨닫게 된다. 아마존은 '아마존 프라임'이라는 시스템에 오랫동안 투자해 왔다. 연회비 3,900엔(세금 포함)을 내고 아마존 프라임 회원이 되면 배송료가 무료다.

사실 아마존 프라임 자체로는 그다지 수익이 나지 않는다고 한다. 그러나 아마존 프라임 회원이 되면 배송료가 유료인 다른 사이트에서 물건을 살 경우 손해를 보게 되므로 인터넷 쇼핑을 할 경우 우선적으로 아마존을 확인하게 된다. 그리고 아마존에는 대부분의 상품이 갖춰져 있다. 따라서 아마존 프라임 회원은 필요한 상품을 항상 아마존에서 사게 된다. 아마존 프라임 회원의 고객 충성도는 높으므로 고객 생애 가치도 역시 높아진다. 요컨대 아마존 프라임은 아마존 전체의 매출을 크게 확대하는 효과가 있는 것이다. 2018년, 아마존 프라임 회원은 전 세계 1억 명을 돌파했다고 한다. 고객 충성도가 높은 고객 1억 명이 매일 아마존에서 상품을 사고 있는 셈이다.

여기에 아마존은 비디오나 잡지, 책을 자유롭게 볼 수 있게 하고 일부 상품을 추가 할인해 주는 등의 방법으로 아마존 프라임 회원이 이탈하지 않도록 붙잡아 두고 있다. 사실 이렇게 말하는 나도 아마존 프라임 회원으로서 매일 아마존에서 상품을 사고 있다.

또한 최근 수년 사이 아마존은 전자책 단말기, 태블릿, 스마트 스피커, 비디오 시청용 단말기 등 자사가 개발한 가전기기에 힘을 쏟고 있다. 하나같이 기능에 비해서는 초저가다. 이런 제품들의 판매 가격은 제조 원가와 별 차이가 없기 때문에 판매 이익은 거의 없다고 한다. 다만 이런 아마존 가전기기를 사용하려면 인터넷을 이용해서 아마존의 서비스에 접속해야 한다. 가령 전자책 단말기로는 아마존에서 구입한 전자책을 읽을 수 있다. 스마트 스피커도 음성으로 아마존에 상품을 주문할 수 있다. 그리고 이들 가전기기를 작동하는 소프트웨어 최신 버전은 아마존이 인터넷을 통해서 아마존 가전기기에 발신한다. 아마존이 자사 가전기기를 원가에 판매하는 이유는 '제품을 팔아서 수익을 내기' 위함이 아니라 '사용하게 해서 수익을 내는' 비즈니스를 지향하기 때문인 것이다.

이와 같이 아마존은 다양한 방법으로 리커링 모델화를 강력하게 추진하고 있다. 역시 무서운 회사다.

서브스크립션 모델을 성공시키기 위한 포인트

여기까지 읽고 '서브스크립션 모델이 최강이었구나! 우리도 당장 시작하자'라고 생각했을지 모른다. 그러나 잠깐 기다리기 바란다. 서브스크립션 모델을 성공시키기 위해서는 생각해야 할 포인트가 있다.

변동비가 작은 서비스는 서브스크립션 모델과 찰떡궁합이다. 동영상을 발신하는 넷플릭스, 음악을 발신하는 스포티파이, 잡지 열람 서비스인 d매거진은 인터넷 서비스이므로 사용자가 한 명 늘어나더라도 비용은 거의 증가하지 않는다. 요컨대 변동비가 매우 작다는 말이다. 앞에서도 소개했듯이 사용자 한 명이 증가할 때마다 들어가는 비용을 '한계 비용'이라고 하는데, 이 한계 비용이 제로에 가깝다. 그래서 서브스크립션 모델을 만들고 사용자 수를 최대한 늘리면 수익이 나게 된다.

변동비가 클 경우는 조건을 설정한다. 사람이나 물자가 실제로 움직이는 음식점이나 의류 회사는 사용자에게 서비스를 제공할 때마다 돈이 들어간다. 요컨대 재료 원가나 인건비 등 변동비가 크다. 따라서 변동비를 생각한 다음 가격을 설정해야 한다.

이를테면 고객의 이용 횟수에 상한선을 설정할 필요가 있다. 월 8,600엔인 '하루 한 그릇 야로 라멘 생활'을 이용하는 주된 고객은 라멘 마니아인데, 개중에는 하루에 몇 그릇씩 먹을 수 있는 사람도 있다. 그래서 '하루 한 그릇'이라는 상한선을 설정했다. 메차카리의 경우도 한 번에 세 벌까지라는 상한선이 있다. 타깃을 명확히 정하는 한편 고객의 소비량을 고려해 이용 횟수의 제한도 검토할 필요가 있다는 말이다.

서브스크립션 모델을 성공시키기 위한 포인트는 어떤 가치를 만들어낼 수 있느냐다.

"그러니까 가격을 정해서 팔던 상품을 정액제 서비스로 바꿔서 소비자의 흥미를 유도하면 되는 것이군!"

이것은 큰 착각이다. 단순히 요금 설정을 바꾸기만 해서는 안 된다.

예를 들어 메차카리는 '옷을 고르기가 귀찮다'는 고객에게 정기적으로 새로운 옷을 보내준다는 새로운 가치를 제공했다. d매거진은 월정액 400엔에 잡지를 마음껏 읽을 수 있다는 새로운 가치를 제공했다.

이와 같이 서브스크립션 모델은 고객과 연결되는 방식을 근본적으로 바꿔서 새로운 가치를 제공하는 것이다. 기존의 '물건을 파는' 방식은 물건을 판매한 순간 고객에 대한 소구가 일단 종료된다. 그러나 서브스크립션 모델의 경우는 고객이 구입한 순간부터 고객과의 관계가 시작된다. 고객은 언제라도 서비스를 해지할 수 있다. 계속해서 이용하게 하려면 지속적으로 고객에게 가치를 제공해야 한다.

서브스크립션 모델은 가격전략뿐만 아니라 고객과 연결되는 방식도 크게 바꾸고 있다. 앞으로는 더 많은 업계에 서브스크립션 모델이 침투할 것이다.

서브스크립션 모델은
고객과의 관계를 바꾼다.
고객의 체험을 끊임없이
업데이트시키자.

- 서브스크립션 모델로 고객 충성도를 높이자.

- 축적된 데이터를 활용하자.

- 변동비가 작은 비즈니스라면 서브스크립션 모델을 검토하자.

- 변동비가 클 경우는 조건을 설정하자.

- 정액제로 바꾸는 데 그치지 않고 어떤 가치를 제공할지 고민하자.

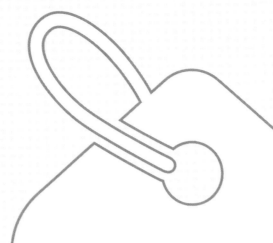

제 4 장

1,000엔의 할인보다
1,000엔의 보상판매

적응형 가격전략 · 보유 효과 · 쿠폰

미국 커피가 맛없었던 것은 가격경쟁의 결과였다

"아니, 커피 맛이 뭐 이래?"

1980년대, 당시 20대였던 나는 미국에 자주 출장을 갔다. 그런데 어떤 호텔을 가든 아침 식사에 함께 나오는 커피는 정말로 맛이 없었다. 나는 이것이 너무나 의아했다.

'미국은 풍요의 극을 달리는 나라인데, 왜 커피는 이렇게도 맛이 없는 걸까?'

나와 비슷한 경험을 한 사람도 많을 것이다.

맛없는 커피는 가격경쟁의 결과였다. 미국에서는 1930년경부터 커피가 가정에 보급되면서 시장이 급성장했다. 그러나 30년이 지나자 가정에 보급될 만큼 보급되면서 시장의 성장이 멈췄다. 그러자 커피 회사들은 가격경쟁을 시작했고, 가격을 낮추기 위해 품질을 떨어뜨린 것이다. 이를테면 품질이 좋은 아라비카종 커피 원두를 줄이고 품질이 나쁜 원두를 늘렸다. 또한 커피 세 잔을 추출하던 원두로 네 잔을 추출했다.

당시 전미 커피 협회의 연차 총회에서는 이런 발언이 나왔다.

"어떤 상품이든 품질을 아주 약간 떨어뜨려서 싸게 파는 것은 가능한 일이다."

당시의 품질 기준은 '결점이 있느냐 없느냐'였다. '맛이 있느냐 없느냐'는 부차적인 문제였다.

나는 아무리 값이 싸도 맛없는 커피는 마시고 싶지 않다. 그리고 이것은 미국인도 마찬가지였던 모양이다. 1962년에는 미국인 한 명이 하루에 3.12잔을 마셨는데, 40년 후인 2003년에는 1.5잔으로 감소했다. 시장은 축소되었고, '미국 커피는 맛이 없다'는 인식이 정착되어 버렸다. 미국 커피가 맛없는 것은 가격경쟁을 하느라 품질을 떨어뜨린 결과인 것이다.

이와 같이 '유감스러운 가격인하'는 누구에게도 행복을 가져다주지 않는다. 그리고 결국 시장이 붕괴되고 만다(참고로 커피 시장의 붕괴가 진행되었던 이 무렵에 '맛있는 커피를 만들자'고 생각한 미국인들이 만든 것이 스타벅스 등의 이른바 시애틀 계열 커피다).

유감스러운 할인에 아내가 실망한 이유

'유감스러운 가격인하'라고 하면, 나 자신도 개인적으로 충격을 받았던 경험이 있다.

아내와 오모테산도를 산책하다 세련된 분위기의 청바지 가게를 발견했다. 가게에 들어가서 상품을 구경하는데 예쁘고 무엇보다 아내에게 딱 맞는 여성용 청바지가 있었다. 가격표를 보니 2만 엔이나 했지만 과감하게 샀다. 그리고 지하철을 타고 집에 가면서 아내와 나는 모두 "좋은 거 샀네"라며 크게 만족스러워했다.

그런데 지하철에서 내려서 걷다 보니 집 근처에 같은 청바지 가게가 있었다.

"조금 더 구경해 보자. 괜찮은 거 있으면 또 사고."

그리고 가게에 들어간 순간, 큰 충격을 받았다. 방금 샀던 상품이 50퍼센트 할인된 가격에 팔리고 있었던 것이다. "말도 안 돼……. 어떻게 이럴 수가……." 아내는 크게 실망했다. 대만족은 한순간에 후회로 바뀌었고, 이 가게에서는 두 번 다시 정가에 상품을 사지 않게 되었다.

이것은 앞에서 소개한 앵커링 효과를 생각하면 쉽게 이해할 수 있다. 다시 한 번 간략하게 정리하면, 앵커링 효과란 '사람은 처음 본 숫자나 정보에 큰 영향을 받는다'는 것이다. 첫번째 가게에서 청바지를 본 우리는 '이 청바지=정가 2만 엔'으로 앵커링되어 정가에 청바지를 샀다. 즉, '이 청바지의 적정한 가격은 2만 엔이다'라는 가격 적정감을 가졌다는 말이다. 그러나 50퍼센트 할인을 본 순간 우리의 감각은 '이 청바지의 적정한 가격은 정가의 반값이다'로 초기화되어 이 가게의 상품은 정가에 사지 않게 된 것이다.

이 청바지 브랜드는 얼마 후 일본에서 철수했다. 아내는 유감스러워했다.

이것도 '유감스러운 할인'이다. 아무리 좋은 상품이라도 가격전략을 그르치면 실패한다. '비싸도 사는' 고객은 소중하게 여겨야 한다. 다른 곳보다 조금 비싸더라도 상품을 계속 구매해 준다. 한편 '싸니까 사는' 고객은 싼 가격만이 목적이다. 다른 곳이 조금이라도 더 싸면 금방 떠난다. '유감스러운 할인'은 소중한 고객의 이탈과 가격만을 노리는 고객의 유입을 초래하며, 결국은 싸게 팔지 않으면 아무도 사지 않게 된다.

매출을 늘리는 할인판매를 위해 꼭 필요한 세 가지 조건

할인판매는 가급적 하지 말아야 한다. 물론 효과적으로 이용한다면 매출을 늘리는 데 도움이 되는데, 여기에는 세 가지 전제 조건이 있다.

1 처음에 충분히 높은 가격으로 설정해 놓을 것

처음부터 본전에 가까운 수준으로 가격을 설정해 놓으면 가격을 인하한 순간 적자에 빠진다. 할인판매를 하더라도 이익이 나도록 처음에 충분히 높은 가격으로 설정해 놓는 것이 중요하다.

2 비공개적인 할인은 삼가고, 할인 조건을 공개할 것

"고객이 가격을 깎아 달라고 끈질기게 요구하니 깎아 주자." 이래서는 안 된다. 상품을 정가로 사는 소중한 고객이 이 사실을 알게 되면 순식간에 신뢰를 잃고 만다. 지금은 '투명성의 시대'다. 옛날에는 숨길 수 있었던 것도 인터넷이 발달한 지금은 금방 들통이 난다. '모든 것은 결국 공개된다'고 생각하고 가격을 할인하는 이유를 모두에게 명확히 설명할 수 있도록 해야 하며, 가능하면 할인 조건도 투명하게 공개해야 한다.

3 상품 자체의 가격을 내리지 말고 조건부로 할인판매를 할 것

가격을 내려서 일시적으로 잘 팔리더라도 시간이 지나면 매출이 예전 수준으로 돌아가는 경우가 매우 많다. 처음에는 싼 가격에 이끌려 고객들이 몰려들지만, 시간이 지나면서 그 싼 가격이 당연하게 느껴지기 때문이다.

그러다 인하 전의 가격으로 되돌리면 인하된 가격에 익숙해진 소비자는 떠나 버린다. 이래서는 악순환이 반복될 뿐이다. 상품 자체의 가격을 내리는 것은 가급적 피하고, 할인을 한다면 어떤 조건을 붙여야 한다.

그러면 할인판매로 매출을 늘리는 구체적인 가격전략을 생각해 보자.

70대는 무한 리필 1,000엔 할인
— 적응형 가격전략

어느 날, 오사카에 출장을 간 나는 갑자기 고기가 먹고 싶어져서 무한 리필 불고기집에 갔다. 자리를 잡고 앉으니 점원이 다가왔다.

"무한 리필로 한 명이요."

"죄송하지만 연세가 어떻게 되시나요?"

'아니 불고기를 먹으러 왔는데 나이는 왜 물어봐? 연령 제한이라도 있는 건가?'라고 생각하면서도 "50대입니다"라고 대답하자 점원은 "그렇다면 360엔 할인입니다"라고 말했다. 나이에 따라 요금을 할인해 준다는 것이다. 정가는 3,580엔이지만 미들(50대)은 3,220엔, 시니어(60대)는 2,860엔, 실버(70세 이상)는 2,500엔이었다. 70대 이상은 1,000엔 이상을 할인해 주는 셈이다. 이 말을 듣고 주위를 둘러보니 60대 이상으로 보이는 사람들로 가득했다.

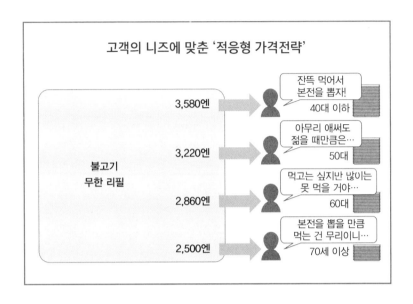

현대의 시니어는 고기를 자주 먹는다. 최근 10년 사이 60~70대의 육류 섭취량은 1.5배나 증가했다고 한다. 그러나 30~40대의 육류 섭취량은 70대의 2배나 된다. 그래서 이 가게는 '고기를 먹고 싶지만 일반적인 무한 리필 불고기집에서는 아무리 먹어도 본전을 뽑기가 힘들다'는 시니어 소비자를 타깃으로 삼아 연령대별 요금을 설정함으로써 성장하고 있었다.

우리는 '고객은 평등하므로 가격은 일률적으로'라고 생각하는 경향이 있다. '일물일가(一物一價)'의 원칙이다. 그러나 사실은 고객에 따라 니즈가 다르다. 그러므로 '고객은 모두 다르다'고 생각하고 니즈에 맞춰서 가격을 유연하게 바꾼다면 고객은 지갑을 열게 된다. '일물다가(一物多價)'의 원칙이다.

이와 같이 고객에 맞춰서 가격을 설정하는 것을 '적응형 가격전략'이라고 한다. 가격을 인하할 때는 이 '적응형 가격전략'을 기본 개념으로 삼아야 한다.

적응형 가격전략의 경우, 타깃을 좁혀서 집중 공략한다. 연령 이외에도 고객을 특정하는 방법은 많다. 이를테면 시간대로 특정하는 방법도 있다. 바에서 저녁 시간대에 '해피아워'를 설정하고 칵테일을 절반 가격에 파는 것도 시간대로 특정하는 방법이다. 이 시간대에는 고객이 적으므로 더 많은 고객이 바를 찾아오도록 반값에 판다. 물론 요리는 정가이며, 해피아워가 끝나면 칵테일 가격도 정가로 되돌아가므로 실제 매출은 그다지 하락하지 않는다. 정가에 대한 고객의 '가격 적정감'도 변하지 않는다.

미국의 수공예 용품 체인이 특별한 이벤트를 실시했다.

"재봉틀 한 대를 사면 다른 한 대를 20퍼센트 할인된 가격에 드립니다."

'재봉틀을 두 대나 사는 사람이 어디 있어?'라고 태클을 걸고 싶어지겠지만, 이 이벤트는 대성공을 거뒀다. 고객들 사이에 다음과 같은 일이 일어난 것이다.

"저기, OO엄마. 우리 재봉틀 같이 안 살래요?"

"저도 필요하기는 한데, 한 대에 100달러나 해서요."

"그게 말이에요, 지금 두 대를 사면 한 대는 20퍼센트 할인해 준대요. 그러니까 같이 사면 싸게 살 수 있어요."

"한 대가 100달러이고 다른 한 대가 80달러니까 한 대당 90달러인 셈이네요. 점심값 벌겠네."

"그렇죠? 그 돈으로 같이 점심이나 먹자고요~"

요컨대 '이웃에게 구매를 권유하는 주부'를 노리고 두 대째는 20퍼센트 할인된 가격에 판 것이다.

적응형 가격전략을 더욱 진화시켜서 상황에 맞춰 유동적으로 가격을 바꾸는 방법도 있다.

고객의 행동을 바꾸는 동적 가격전략

물건을 사고팔 때는 가격의 등락에 따라 사는 사람의 수와 파는 사람의 수가 달라진다. 그래서 가격을 그때그때 올리고 내림으로써 매출을 확대해 나가는 것이 '동적 가격전략(Dynamic pricing)'이다.

가령 지금까지 J리그의 티켓은 경기 상대나 날씨와 상관없이 같은 가격에 판매되었다. 그러나 이래서는 비인기 팀과의 경기나 날씨가 나쁠 경우 표가 남게 되며, 반대로 인기 팀과의 경기는 금방 매진되어 버린다. 개중에는 암표를 고가에 파는 사람도 나타난다.

이 문제로 고민해 오던 요코하마 F. 마리노스는 티켓의 일부를 동적 가격전략으로 판매하는 실험을 시작했다. 날씨·일정·팀 순위에 판매 실적을 결합시켜서 AI가 티켓 가격을 올리거나 내리는 것이다. 이렇게 해서 경기장을 찾아오는 관객을 늘려 경기장의 가동률을 높임으로써 매출 확대를 꾀하기 위함이다. 이미 동적 가격전략을 도입한 미국 스포츠 업계에서는 전체 매출이 평균 10~30퍼센트나 상승했다고 한다.

다만 동적 가격전략에는 함정도 숨어 있다. 우리 집 근처 슈퍼마켓에서는 폐점 1시간 전이 되면 팔고 남은 생선이나 도시락을 특가에 판매하기 시작한다. 상품에 가격할인 스티커가 붙는 순간 기다렸다는 듯이 모여드는 손님도 많다. 언뜻 생각하면 이 슈퍼마켓은 동적 가격전략을 실시하고 있는 듯이 보인다. 그러나 실제로는 싼 가격을 노리는 손님이 특가 판매 시간을 기다리는 것이므로 특가 판매 시간 전의 매출은 하락할 수밖에 없다. 그 결과 전체 매출도 하락하게 된다.

본래 동적 가격전략은 '가격을 변경함으로써 그 시간대의 고객이 사고 싶어지도록 만드는 것'이다. 폐점 시간 직전의 특가 판매는 이와는 다르다. 싼 가격을 노리는 소비자가 일부러 그 시간대를 노리고 오게 되기 때문이다. 이것은 진정한 의미의 동적 가격전략이라고 할 수 없다. 물론 슈퍼마켓으로서는 '어차피 못 팔면 폐기해야 하니 가격을 내려서라도 판매하자'는 생각도 있으므로 어려운 문제다. 다만 '폐기하기는 아깝다'는 문제는 잠시 제쳐 놓고 가격전략의 관점에서만 생각하면 폐점 시간 직전의 타임 세일은 문제가 있을 수 있다는 말이다.

한편, 우리 집 근처에는 내가 좋아하는 케이크집이 있다. 케이크가 맛있어서 특별한 날에는 반드시 사 먹는다. 나는 폐점 시간 직전에 살 때도 많은데, 폐기를 앞둔 케이크를 보면 이런 생각이 들 때도 많다.

'저 맛있는 케이크를 버려야 한다니 아깝네……'

그러나 이 가게는 아무리 케이크가 안 팔려도 특가 판매를 하지 않는다. 정가 판매를 고수한다. 고객 입장에서는 '아깝다'는 생각이 들지만, '브랜드 가치를 유지하고 매출도 유지한다'라는 점에서 생각하면 정가 전략을 고수한다는 이 케이크집의 선택은 옳다고 할 수 있다.

1,000엔의 할인보다 1,000엔의 보상판매
― 보유 효과

가격을 내리는 것만이 가격할인은 아니다.

한 대형 슈퍼마켓에서 의류 할인 판매를 거듭했는데, 소비자의 반응은 거의 없었다.

그래서 책임자는 이렇게 말했다.

"현금 보상판매 행사를 하자."

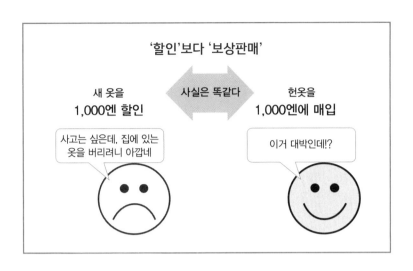

"5,000엔어치를 구입하시면 헌옷을 현금 1,000엔에 매입해 드립니다"라는 이벤트를 시작하자는 것이다. 이에 부하 직원들은 크게 반대했다.

"그거, 이미 실패한 20퍼센트 세일하고 다를 게 없지 않습니까?"

"고객을 번거롭게 할 뿐입니다. 다들 귀찮다고 생각할 거예요."

그러나 현금 보상판매는 대성공을 거뒀다. 행사가 끝난 뒤에 "또 언제 하나요?"라고 물어보는 고객이 있을 정도였다. 왜 1,000엔의 할인판매는 실패하고 1,000엔의 현금 보상판매는 성공을 거둔 것일까?

나는 옷을 사러 갔다가도 빈손으로 돌아오는 일이 많다. 막상 옷을 사려고 하면 '생각해 보니 집에 있는 옷도 아직 입을 만한데 굳이 또 사야 하나?'라는 생각이 들기 때문이다. 이런 생각을 하는 소비자는 나뿐만이 아니다. 할인판매를 해도 집에 있는 옷을 떠올리고 '집에 있는 옷이 아까우니 사지 말자'라고 생각하는 것이다.

그러나 "헌옷을 현금 1,000엔에 매입해 드립니다"라고 하면 '아깝다'는 죄책감이 사라진다. 게다가 구입 금액의 20퍼센트에 이르는 현금도 손에 넣을 수 있을 뿐만 아니라 '입던 옷으로 다른 사람에게 도움을 준다'라는 사회 공헌 욕구도 충족시킬 수 있다.

참고로 이 현금 보상판매 행사는 대형 슈퍼마켓 체인인 이토요카도가 실제로 10년 전에 실시해 큰 성공을 거둔 바 있다.

텔레비전 홈쇼핑에서 상품이나 할인 행사 등을 어필한 뒤, "사모님, 지금 혹시 '집에 있는 세탁기도 아직 쓸 만한데……. 버리거나 재활용을 하자니 돈도 들고 번거롭고……'라고 생각하지는 않으셨나요? 그런 분들을 위해서 구매자 여러분의 가정에 있는 세탁기를 2만 엔에 매입해 드립니다!"라고 덧붙이는 것도 역시 이 현금 보상판매다.

이것은 행동경제학자인 리처드 태일러(Richard H. Thaler)가 제창한 '보유 효과'에 따른 현상이다. '보유 효과'란 인간은 자신이 소유하고 있는 물건에 타인보다 높은 가치를 느낀다는 것이다. 예를 들어 나는 사진이 평생 취미인 까닭에 카메라를 여러 대 갖고 있다. 혹사를 시킨 탓에 하나같이 상태가 말이 아니지만, 그래도 버릴 수가 없다. 책도 자꾸 사들이다 보니 감당이 안 될 정도로 많아졌지만 역시 좀처럼 버리지를 못하고 있다. 예전에는 "집도 좁은데 필요 없는 것들은 좀 처분하지 그래?"라고 잔소리를 하던 아내도 이제는 절반쯤 포기한 상태인데, 이것도 보유 효과다.

이 '보유 효과'를 이해하면 가격할인보다 보상판매가 더 효과가 좋은 이유도 알 수 있다. 새 옷을 사고 헌옷을 처분할 경우, 헌옷은 한 푼도 받지 못하고 버리게 된다. 가전제품의 경우는 버릴 때 오히려 폐기 수수료를 내야 한다. 그런데 이것을 '매입해 준다'는 것이다. 그래서 '맞아요! 저는 지금까지 소중하게 써 온 이 물건에 애착을 갖고 있다고요. 그걸 이해해 주는군요!'라며 현금 매입을 해주는 가게에 호감을 느껴 제품을 구입하게 된다. 최근에는 최신 스마트폰이 판매될 때마다 기존에 사용하던 스마트폰의 보상판매를 실시하는데, 이것도 그동안 사용해서 애착이 생긴 스마트폰을 최신 스마트폰으로 교체할 때의 죄책감을 줄이기 위한 조치다. 나도 그 덕분에 죄책감을 느끼지 않으면서 스마트폰을 바꾸고 있다.

쿠폰을 만들면 가격할인과 정가 판매를 양립시킬 수 있다

쿠폰을 조합하면 가격전략의 폭이 넓어진다. 가격을 신경 쓰는 고객은 쿠폰을 열심히 찾아서 가지고 오므로 가격을 할인받는다. 한편 가격을 신경 쓰지 않는 고객은 쿠폰 찾기를 귀찮아하므로 정가에 산다. 요컨대 쿠폰은 저렴함을 중시하는 고객에게는 할인을 해주고 정가에 사는 고객에게는 정가에 판매하는 방법이다.

쿠폰을 매우 효과적으로 활용하는 곳 중 하나가 '하나마루 우동'이다. '하나마루 우동'은 건강 메뉴를 적극적으로 개발하는데, 기간 한정으로 '건강보험증을 가져오면 50엔 할인' 등의 이벤트를 실시하기도 했다. 요컨대 건강보험증을 쿠폰 대신 사용한 것으로, 내점객 수가 3퍼센트 증가하는 효과가 있었다고 한다.

다만 쿠폰을 남발하면 '저가품 이미지'가 생길 수 있다. 지나치게 사용하면 저렴한 가격을 노리는 소비사가 몰려들어 단순한 가격인하가 되어 버린다. 한 패스트푸드 체인은 쿠폰을 남발한 결과 쿠폰 사용 고객이 내점객의 80퍼센트에 이를 정도가 되어서 실적 부진에 빠진 적이 있다.

이와 같이 쿠폰은 고객과 시간대, 상품의 폭을 엄선하고 개수를 한정할 때 높은 효과를 기대할 수 있다.

가격할인을 한다면 타깃 고객을 엄선해라

이 장에서는 할인판매로 매출을 늘리는 방법을 소개했다. 여러 가지 패턴을 소개했는데, 마지막으로 중요한 점을 전하고자 한다. 그것은 '가격할인은 최후의 수단'이라는 것이다. 가격할인의 본질은 '저렴함을 세일즈 포인트로 내세워 구입을 촉진하는 것'이다. 고객이 상품을 사는 이유는 가격만이 아니다. 그 밖에도 여러 가지 이유가 있다. 가격할인은 다른 온갖 수단을 다 써 보고 가격 이외의 가치를 어필해

본 뒤에 최후의 수단으로 사용해야 한다. 가격할인을 하면 누구나 팔수 있다. 가격을 할인하지 않고 파는 것이 진짜 비즈니스다. 그러므로 먼저 가격을 할인하지 않고 팔 방법을 연구해야 한다.

그리고 가격할인을 한다면 타깃 고객을 엄선하고 어떻게 매출을 늘릴지 철저히 아이디어를 짜내야 한다.

저렴하다는 느낌을 주는 방법은 가격할인만이 아니다. 할인판매를 하지 않고 가격을 조정하는 방법도 있다. 이 방법에 관해서는 다음 장에서 소개하겠다.

가격할인은 최후의 수단이다.
사용하지 않는 데 의미가 있다.
다양한 방법으로 조건을 결정하고,
고객에 맞춰 가격을 변경하자.

- 효과적인 할인판매를 위한 세 가지 전제 조건을 준수하자.

- 가격을 내린다면 니즈에 맞춰서 가격을 변경하는 '적응형 가격전략'을 이용하자.

- 동적 가격전략으로 수요를 창출해 매출을 확대하라.

- '보유 효과'를 노리고 현금 보상판매를 검토하자.

- 쿠폰을 남용하지 않도록 주의하자.

제 5 장

상품의 수를
1/4로 줄이자 판매량이
6배가 된 이유

프레이밍 효과

평범한 외모의 여성이 맞선 파티에서
인기 폭발인 이유

앞에서 선배에게 "넌 딱히 예쁜 편이 아니니까 젊은 나이를 무기로 삼을 수 있는 지금 빨리 짝을 찾도록 해"라는 조언을 들었던 미카. 그 후 맞선 파티에서 남성 여러 명과 커플이 되어서 현재 결혼 후보자를 좁히고 있다고 한다.

이야기를 들어 보니 미카는 의외로 맞선 파티에서 인기가 많다고 한다. 그 비밀은 무엇일까?

"중요한 건 전략이에요, 전략." 미카는 내게 설명하기 시작했다.

먼저, 미카는 "솔직히 제가 안 예쁘잖아요"라고 말했다. 전략의 기본인 현재 상황의 인식이다. 맞선 파티에 처음 참가했을 때 미카는 안 그래도 예쁜데 화장에도 능숙한 여성 참가자가 많은 것에 지레 겁

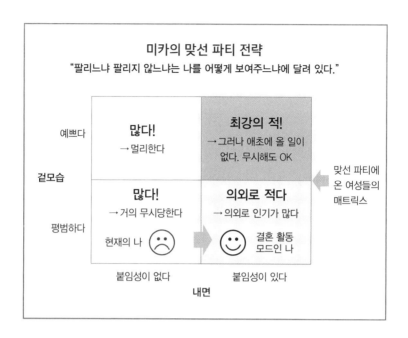

미카의 맞선 파티 전략

"팔리느냐 팔리지 않느냐는 나를 어떻게 보여주느냐에 달려 있다."

겉모습

예쁘다

많다!
→ 멀리한다

최강의 적!
→ 그러나 애초에 올 일이 없다. 무시해도 OK

평범하다

많다!
→ 거의 무시당한다

현재의 나 ☹

의외로 적다
→ 의외로 인기가 많다

☺ 결혼 활동 모드인 나

붙임성이 없다

붙임성이 있다

내면

맞선 파티에 온 여성들의 매트릭스

을 먹고 긴장해서 남성들의 이야기를 들어주는 데 전념했다고 한다. 그런데 이것이 제대로 먹혔다는 것이다. 파티 중반에 인상 확인 카드를 받았을 때, 좋은 인상을 받았다고 답한 남성 수가 놀랍게도 예쁜 여성들보다 많았다고 한다. 그리고 자유 시간에 남성들과 이야기를 나눠 보니 "예쁜 분은 좀 무섭네요"라고 말하는 사람이 많았다. 살짝 웃어 주지도 않는 사람이 많다는 것이다. 그 이야기를 들은 미카는 깨달았다고 한다.

'그렇구나! 남성은 여성을 외모가 예쁜가, 예쁘지 않은가? 붙임성이 있는가, 없는가? 하는 관점에서만 바라보는구나!'(노파심에서 덧붙이지만, 이것은 어디까지나 미카의 의견이다.)

그리고 영감을 얻어서 즉흥적으로 인상 확인 카드의 뒷면에 메모한 것이 앞의 전략도다. 미카는 '외모는 바꿀 수 없어. 그러니까 적어도 맞선 파티 시간에는 내 성격을 맞선 모드로 전환하자'고 결심했고, 그 뒤로는 맞선 파티에서 남성들에게 인기를 모으고 있다고 한다.

이 이야기를 들은 나는 맞선 모드가 아닌 파티 후에는 어떤지 궁금해져서 물어봤다. 그러자 미카는 이렇게 단언했다.

"사람은 첫인상이 90퍼센트예요."

첫인상만 좋게 심어 놓으면 그 다음은 어떻게든 대처가 가능하다고 한다.

그리고 마지막으로 미카는 이렇게 덧붙였다.

"결국 팔리느냐 팔리지 않느냐는 나를 어떻게 보여주느냐에 달려 있더라고요."

사실 이것은 매우 심오한 말이다. 가격경쟁에서도 굉장히 중요한 의미를 지닌다. 같은 가격의 같은 상품이라도 가격을 보여주는 방법을 조금만 더 생각하면 안 팔리던 상품이 잘 팔리게 되는 경우는 얼마든지 있다.

행동경제학이 밝히는 특상·상·기본의 마술

"으음……. '특상'은 너무 사치인가……. 하지만 '기본'을 고르기는

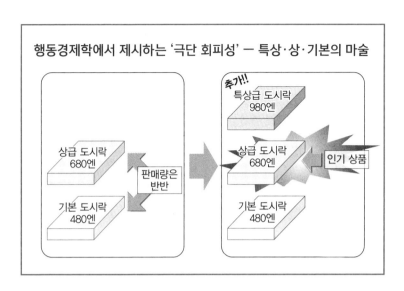

행동경제학에서 제시하는 '극단 회피성' ㅡ 특상·상·기본의 마술

추가!!
특상급 도시락
980엔

상급 도시락
680엔

상급 도시락
680엔

인기 상품

판매량은
반반

기본 도시락
480엔

기본 도시락
480엔

좀 아쉽고……."

나는 장어덮밥 도시락을 참 좋아하는데, 주문할 때마다 항상 특상·상·기본 가운데 무엇을 고를지 고민하게 된다. 그리고 십중팔구는 한참을 고민하다가 결국 상을 선택한다.

선택지가 세 개 있으면 대부분의 사람은 나처럼 한가운데를 고른다. 행동경제학에서는 이 현상을 '극단 회피성'이라고 부른다. 한참을 고민하던 내가 상을 고르듯이, 사람은 차이를 판단하지 못하면 한가운데를 고르는 습성이 있다. 그리고 이것은 가격전략에서도 중요한 포인트다.

도시락 가게에서 도시락을 기본(480엔)과 상급(680엔) 두 종류만 판매하면 반반씩 팔린다. 그런데 여기에 특상급(980엔)을 추가하면 상급(680엔)이 가장 많이 팔리게 된다. 실제로 도시락 체인인 '오리진 도시락'을 운영하는 오리진도슈 주식회사가 2012년에 모둠도시락을 한 종류에서 세 종류(기본 450엔, 상급 490엔, 특상급 690엔)로 늘린 결과 490엔의 '상급 모둠도시락'이 가장 많이 팔렸으며 모둠도시락의 매출이 전년 대비 78퍼센트나 증가했다고 한다.

이와 같이 똑같은 것이라도 보여주는 방식을 바꾸면 사람의 판단이나 선택도 달라지는 현상을 행동경제학에서는 '프레이밍 효과'라고 부른다. 가격을 설정할 때는 이 '프레이밍 효과'를 활용해야 한다. '극단 회피성'도 프레이밍 효과의 일종이다. '특상·상·기본'은 의외로 강력한 가격전략인 것이다.

너무 많은 선택지는 스트레스가 된다

컬럼비아 대학의 쉬나 아이엔가(Sheena Iyengar) 교수는 슈퍼마켓에서 어떤 실험을 실시했다. 점포 안에 잼의 시판 매장을 두 개 만들고 한 곳에는 24종류의 잼을, 다른 한 곳에는 6종류의 잼을 진열해 놓은 다음 매출을 비교하는 실험이었다. 그 결과 24종류를 진열한 매장에서는 100명 중 60명이 발길을 멈췄지만 잼을 구입한 사람은 2명뿐이었다. 주목은 끌었지만 실제로 잼을 구입한 사람은 그중 3퍼센트에 불과했다. 한편 6종류를 진열한 매장에서는 100명 중 40명이 발길을 멈췄고 12명이 잼을 구입했다. 주목도는 3분의 2에 불과했지만 그

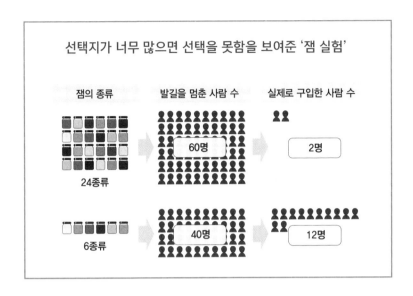

선택지가 너무 많으면 선택을 못함을 보여준 '잼 실험'

잼의 종류	발길을 멈춘 사람 수	실제로 구입한 사람 수
24종류	60명	2명
6종류	40명	12명

중 30퍼센트가 구입했다. 선택지를 좁혔을 뿐인데 6배나 더 팔린 것이다.

　다른 것과 확연하게 구별할 수 있는 상품, 예를 들어 책이나 음악 등은 선택지가 많은 편이 취향에 맞는 상품을 찾아내는 데 도움이 된다. 그러나 다른 것과의 차이를 잘 알지 못하는 상품의 경우는 선택지가 너무 많으면 '혹시 내가 잘못 선택하는 것은 아닐까?'라는 생각이 들게 되고, 그 결과 상품 구입의 허들이 높아진다. 이런 경우는 오히려 상품의 차이를 명확하게 알 수 있도록 선택지를 좁히는 편이 소비자가 상품을 살 결심을 하기가 쉬워져서 잘 팔리게 된다.

　실제로 P&G는 26종류나 있었던 비듬 방지 샴푸 가운데 매출이 적은 상품을 폐지하고 15종류로 압축한 결과 매출이 10퍼센트나 상승했다고 한다. 또한 애플의 아이폰이나 맥북도 기종의 수가 매우 적은데, 이것도 고객이 선택을 망설이지 않고 사도록 만들기 위함이다.

선택지를 줄이고 여기에 특상·상·중 마술을 조합해서 성공한 사례도 있다. 안경을 제조·판매하는 JINS는 안경 프레임의 가격대가 네 종류(4,900엔, 5,900엔, 7,900엔, 9,900엔)였는데, 이것을 세 종류(5,000엔, 8,000엔, 1만 2,000엔)로 줄였더니 가격대의 중심값이 5,000엔에서 8,000엔이 되어서 판매 가격이 3,000엔이나 올랐다고 한다. 가격대를 세 종류로 만들어서 중앙의 8,000엔으로 유도한 결과다.

내가 20년 동안 이용하고 있는 도쿄 요요기의 한 신발 가게는 좁은 점포 안에서 남성용과 여성용을 합쳐 수십 종류의 신발만을 판매하는데, 하나같이 점주가 높은 안목으로 엄선한 '신기 편하고 세련되었으며 개성이 풍부한 신발들'이다. 백화점의 신발 매장에는 수많은 신발이 진열되어 있지만 착화감이 나쁘거나 비슷하게 생긴 신발이 많아서 차이점을 알기가 어렵기 때문에 무엇을 살지 결정하기가 쉽지 않다. 그러나 이 가게에서는 금방 마음에 드는 신발을 고를 수 있으며, 게다가 이 가게의 신발을 신은 뒤로 발이 아파서 고생한 적이 한 번도 없었다. 또한 판매한 신발은 정성껏 수리해 준다. 덕분에 10년 전에 산 신발도 여전히 현역이다. 나는 아끼는 신발을 계속 신을 수 있고, 가게는 수리비로 수입을 올린다. 이 가게는 앞에서 소개한 리컬링 모델도 실천하고 있는 것이다.

최근에는 더욱 선택지를 줄여서 한 가지 상품만 파는 가게도 있다. 일반적인 빵가게는 쿠페빵, 바게트빵, 단팥빵, 크로켓, 카레빵 등 다양한 종류의 빵을 갖춰놓고 판매한다. 그런데 우리 집 근처에 있는 빵가게는 식빵 한 가지만 판매한다. 일반적인 크기의 식빵은 400엔, 두 배 크기의 식빵은 800엔. 이 두 가지뿐이다. 그런데 매일 문을 열기 전부터 수십 명이 줄을 서서 기다린다. 저녁까지 영업을 하고 영업시간 내내 식빵을 굽지만 예약을 안 하면 살 수가 없다. 매일 매진이다. 이 가게는 최고로 맛있는 식빵을 세일즈 포인트로 삼아서 입맛 까다로운 주부들을 사로잡고 있는 것이다.

그 밖에도 갓 구운 치즈 타르트만 판매하는 제과점이나 트러플(송로버섯) 파스타만 판매하는 이탈리안 레스토랑 등 한 가지 상품만 판매하는 가게가 늘고 있다. 이제는 상품의 종류를 많이 갖추기보다 엄선한 좋은 상품만 갖추는 편이 잘 팔리는 시대다.

메시지를 바꾼다
— 이키나리! 스테이크의 '정육카드'

편의점에서 상품을 구경하고 있자니, 이런 카드를 5,000엔에 팔고 있었다.

'정육카드'

스테이크 전문 체인인 '이키나리! 스테이크'에서 사용할 수 있는

5,000엔짜리 기프트카드다. 게다가 보너스로 200엔이 더 들어 있다. 그런데 만약 이것이 '이키나리! 스테이크 기프트카드'라는 지극히 빤한 이름이었다면 편의점에서 취급하지 않았을지도 모른다. 그런데 이키나리는 '정육카드'라는 작명으로 '매우 가치 있는 것'이라는 이미지를 만든 것이다.

'이키나리! 스테이크'는 메시지를 발신하는 데 매우 능숙하다. 먹은 스테이크의 중량을 기준으로 마일리지를 적립해 주는 '정육 마일리지'라는 것도 있는데, 이것도 '이키나리! 스테이크 회원카드'라는 명칭이었다면 너무 빤한 느낌이었을 것이다. 기프트카드를 '정육카드', 회원카드를 '정육 마일리지'로 메시지를 바꿈으로써 핵심고객들의 마음을 사로잡은 것이다. 이것도 프레이밍 효과의 일종이다.

여담이지만, '이키나리! 스테이크'는 정육 마일리지의 순위를 발표하는데 2018년 9월 현재 종합 1위는 1,333,116그램이다. 무려 1.3톤이다. 인간이 이렇게 고기를 많이 먹을 수 있다니······.

가격을 할인하지 않고 고객의 수입에 맞춰서
가격을 바꾼다

가격을 할인하지 않고 고객의 수입에 맞춘 가격으로 상품을 준비하는 방법도 있다. 메르세데스 벤츠는 대표적인 고급 승용차 브랜드

메르세데스 벤츠는 고객별로 상품과 가격을 준비했다

다. 그런 벤츠의 원류는 최상위 모델인 S클래스인데, 만약 메르세데스 벤츠가 S클래스만 판매한다면 어떻게 될까? 젊은 매니저나 기업의 관리직 등 벤츠를 좋아하는 사람들에게도 1,000만 엔이 넘는 S클래스는 너무 비싸서 구입하기가 힘든 차다. 게다가 벤츠는 가격할인을 하지 않는다는 방침을 지키고 있다. 이래서는 벤츠를 좋아하는 고객이 많아져도 매출이 증가할 수가 없다.

그래서 벤츠는 고객별로 차종을 준비했다. 다양한 가격대를 준비함으로써 젊은 매니저에게는 A클래스를, 관리직으로 승격하면 C클래스를, 임원이 되면 E클래스를 선택하도록 만든 것이다.

'우수리 가격 효과'의 마술

슈퍼마켓 전단지를 보면 198엔이나 298엔 같은 우수리 가격(물건값을 제하고 잔돈을 거슬러 주는 가격)이 참 많다. 이것은 저렴하다는 느낌을 강조하기 위함이다. 잘 생각해 보면 198엔과 200엔의 차액은 고작 2엔이다. 비율로는 1퍼센트에 불과하다. 그러나 많은 사람이 무의식적으로 198엔은 '100엔대', 200엔은 '200엔대'라고 인식한다. 사람은 자릿수가 가장 큰 왼쪽의 숫자에 주목하기 때문으로 보인다.

이와 같이 우수리 가격으로 저렴하다는 느낌을 주는 효과를 '우수리 가격 효과'라고 부른다. 일본에서는 '198엔'이라든가 '298엔'처럼 '8'로 끝낼 때 우수리 가격 효과가 나오지만, 미국의 경우는 '1.99달러'라든가 '2.99달러'처럼 '9'로 끝나는 숫자가 많다. 한 일본 연구자의 조

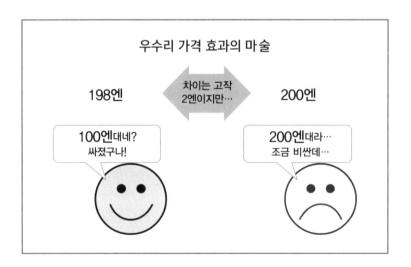

우수리 가격 효과의 마술

198엔 　차이는 고작 2엔이지만… 　200엔

100엔대네? 싸졌구나!

200엔대라… 조금 비싼데…

사에 따르면 일본인은 '8'이라는 숫자에 대해 '재수가 좋다', '번성한
다', '밝다'라는 이미지가 있지만 '9'에 대해서는 '괴롭다', '어중간', '불
완전'이라는 이미지를 갖고 있다고 한다. 그래서 일본에서는 '8'로 끝
낼 때 우수리 가격 효과가 나오는 것인지도 모른다.

이 우수리 가격과 관련해 시카고 대학의 에릭 앤더슨(Eric T.
Anderson)과 던컨 시메스터(Duncan Simester)는 같은 여성복을 34달러,
39달러, 44달러의 세 가지 가격으로 판매하는 실험을 했다. 일반적으
로 생각하면 가장 저렴한 34달러로 판매했을 때 제일 많이 팔렸을 것
같지만, 재미있게도 가장 많이 팔린 가격은 39달러였고 34달러와 44
달러는 매출이 그보다 20퍼센트나 적었다고 한다. 우수리 가격은 '노
력해서 가격을 여기까지 내렸습니다. 이 이상 내리기는 어렵습니다'
라는 숨겨진 메시지를 발신함으로써 저렴하다는 느낌을 주는 힘을
지니고 있다.

다만 우수리 가격 효과도 만능은 아니다. 소비자가 그 상품에 대
해 잘 알고 있으면 우수리 가격에 얽매이지 않게 된다. 또한 프리미
엄 상품의 경우, 우수리 가격은 오히려 '싸구려'라는 인상을 주고 만
다. 앞에서 소개한 일본인 연구자의 조사에 따르면 일본인은 '10'이라
는 숫자에 대해 '재수가 좋다', '만족', '퍼펙트'라는 이미지를 갖고 있
다고 한다. 프리미엄 상품의 경우는 오히려 딱 떨어지는 숫자로 가격
을 설정하는 편이 효과적으로 품질을 어필할 수 있다.

예를 들어 미키모토나 다사키 같은 진주 회사는 가격을 50만 엔이

나 85만 엔처럼 딱 떨어지게 설정한다. 만약 이런 상품을 19만 8,000엔이라든가 98만 엔 같은 우수리 가격으로 팔면 오히려 고급스러운 이미지가 훼손된다.

우수리 가격의 마술도 때와 상황을 고려하면서 써야 하는 것이다.

'세트 판매'에 '낱개 판매' 전략으로 매출을 확대한다

가격을 표시하는 방법은 그 밖에도 많다.

그중 하나가 '번들링'이다. 세트 판매로 저렴함을 강조해 매출을 늘리는 전략이다. 맥도날드에서 빅맥과 음료수를 490엔에 살 생각이었던 고객에게 감자튀김을 추가한 밸류세트를 690엔에 파는 것도 이것을 사는 편이 이익이라는 느낌을 줘서 매출을 확대하기 위함이다.

번들링은 '따로따로 고르려니 귀찮네……'라고 느끼는 소비자에게 미리 조합해 놓은 세트를 제시하는 동시에 이것을 사는 편이 이익이라는 느낌도 줌으로써 매출 확대를 노린다. 게다가 번들링은 가게 측에도 비용 절감 효과가 있다. 가령 맥도날드의 경우, 세트 판매를 함으로써 개별적으로 상품을 팔 때 들어가는 가게 측의 시간과 수고를 크게 줄일 수 있었다.

내 이야기를 하면, 예전에는 내가 사용하는 스마트폰 통신사와 집에서 쓰는 유선전화 통신사가 각각 달랐다. 그런데 어느 날 스마트폰 통신사를 집에서 쓰는 유선전화 통신사로 바꾸면 가족 전체의 스마트폰 요금이 한 달에 2,000엔이나 저렴해진다는 사실을 알게 되었다. 1년이면 2만 4,000엔, 5년이면 무려 12만 엔이다. '이건 대박인데?'라는 생각에 즉시 통신사를 바꿨다.

통신사 시점에서 보면 내가 스마트폰 회선을 갈아타기 전까지 나에 대한 매출은 유선전화의 요금인 월 1만 엔뿐이었지만, 갈아탄 뒤로는 월 2만 엔이 되었다. 매출이 두 배로 증가한 것이다. 게다가 통신사의 비즈니스는 앞에서 소개한 서브스크립션 모델이다. 서브스크립션 모델에서 중요한 점은 해지율을 최대한 낮은 수준으로 억제하는 것이다. 고객에게 저렴함을 어필하여 복수 회선을 계약함으로써 해지하기 어렵게 만들어 계약 기간을 길게 이어 가는 것이다.

이와 같이 번들링은 세트 판매로 저렴함을 어필해 매출을 늘리는 가격전략이다.

한편 '언번들링'은 번들링과 반대로 '낱개 판매'를 한다는 의미다. 언번들링의 경우는 필요한 부분만 떼어내서 판매해 저렴하다는 느낌을 줌으로써 고객의 저항감을 줄이고 소비량을 증가시키고 시장을 확대하는 효과가 있다.

영화 '배트맨'에서 알프레드는 배트맨의 활동을 뒷받침하는 충실한 집사다. 무기 조달과 개발, 적의 조사 분석 등 온갖 어려운 과제를 맡아서 처리해 준다. 영화를 보면서 우리는 '알프레드 같은 집사는 부자들이나 고용할 수 있겠지'라고 생각하기 쉬운데, 물론 알프레드 같은 슈퍼 집사는 좀처럼 없는 것이 사실이다. 게다가 집에 상주하면서 일을 돕게 하려면 막대한 돈이 들어갈 것이다.

그러나 일반 수준의 집사를 딱 하루만 고용하는 정도라면 5만 엔으로 충분하다. 이를테면 사귀는 여성을 리무진으로 마중 나가서 "OO님의 집사입니다. 주인님의 명으로 모시러 왔습니다"라며 태워 오는 서비스도 해준다. 미풍양속을 해치거나 집사 본인이 위험할 수 있는 일이 아닌 이상은 온갖 요청에 철저히 대응해 준다고 한다. 물론 상주 집사는 부유층이 아니면 고용하기 어렵지만, 특별한 날의 연출이 목적이라면 집사는 의외로 가까운 존재인 것이다. 이것도 언번들링의 한 예라고 할 수 있다.

또한 과거에는 음악을 들으려면 수천 엔을 내고 CD를 사야 했다. 그러나 애플의 아이튠즈 덕분에 한 곡당 99센트에 다운로드할 수 있게 되면서 디지털 음악이 단숨에 확대되었다. 이것도 음악이 언번들링된 결과다.

상품을 잘 아는 소비자는 번들링의 세트 판매를 낭비로 느끼는 경우가 있다. 그럴 때는 언번들링이 효과적인 가격전략이 된다.

같은 가격이라도 어떻게 보여주느냐에 따라

매출이 달라진다

인간은 의외로 합리적이지 않다. 그다지 돋보이지 않는 유형인 미
카가 맞선 파티에서 인기 폭발이듯이, 같은 가격의 같은 상품이라도
프레이밍 효과를 활용해서 보여주는 방식을 바꾸면 잘 팔리게 된다.
저렴하다는 느낌을 주는 방법은 가격할인만이 아닌 것이다.

가격할인을 하지 않아도,
가격을 보여주는 방식을 바꾸면
저렴하다는 느낌을 줄 수 있다.

- 프레이밍 효과를 노려라.

- 특상·상·기본의 마술은 의외로 강력하다. 팔고 싶은 상품을 상의 위치에 놓자.

- 상품의 가짓수는 늘리지 마라. 오히려 줄여라.

- 메시지를 바꿔라.

- 우수리 가격 효과로 저렴함을 어필해라.

- 번들링을 해서 세트로 묶으면 저렴함을 어필할 수 있다.

- 반대로 언번들링을 통해 낱개 판매를 해도 저렴함을 어필할 수 있다.

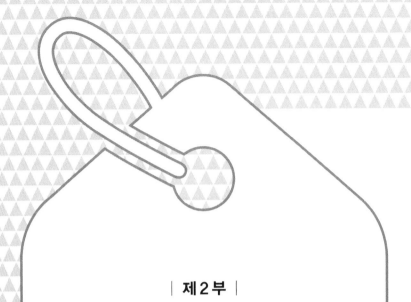

| 제 2 부 |

가격을 인상해도
날개 돋친 듯이 팔리는
메커니즘

고객을 파악하고 비싸게 판다

제2부의 주제는 고객이 수긍하는 선에서 비싸게 파는 것이다. 이것이야말로 가격전략의 왕도다. 비싸게 팔기 위한 규칙은 사실 매우 단순하다. 타깃 고객을 올바르게 파악하고 그 고객이 무엇을 원하는지 이해한다.

그런 다음 높은 가치를 만들어낸다. 그리고 가격 적정감이 있는 가격을 설정한다. 나아가 기업의 팬을 만들어 나간다.

제2부에서는 이 방법을 순서대로 소개할 것이다.

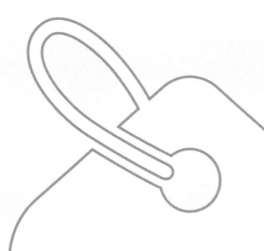

제 6 장

줄을 서야 할 정도의 대인기!
한 덩이 25만 엔의
생햄 키핑 서비스

가치 제안과 블루오션 전략

와타나베 나오미가 히트 친 이유는
'희소성'에 있다

'일본의 비욘세'를 텔레비전에서 처음 봤을 때는 말 그대로 충격이었다. 몸무게가 100킬로그램은 나갈 것 같은 사람이 등장하자마자 격렬하게 춤을 추기 시작하는 것이 아닌가? 그래도 노래는 완벽했는데, 잘 들어 보니 립싱크였다. '립싱크의 여왕'이라고 한다. 격렬한 댄스 속에서도 입 모양이 완벽하게 맞았다. 춤출 때마다 출렁이는 뱃살만 아니라면 어떻게 봐도 비욘세였다. 그러나 감탄과 동시에 이런 생각도 들었다.

'금방 사라지겠군……'

……미안합니다. 제가 틀렸습니다.

'일본의 비욘세' 본명이 '와타나베 나오미(渡辺直美)'임을 안 것은 그로부터 훨씬 뒤였다. 그의 인기는 하루가 다르게 급상승했고, 드라마의 주연도 꿰찼다. 인스타그램의 팔로워 수도 쟁쟁한 연예인들을 제치고 일본인 중에서는 최다인 800만 명(2018년 8월 현재)을 달성했다. 2018년에는 미국 〈타임〉지가 선정한 '인터넷상에서 가장 영향력 있는 25인'이 되었다. "'일본인 여성은 이래야 한다'라는 상식에 얽매이지 않고 활동한다"는 이유에서 선정되었다고 한다. 노파심에서 덧붙이는데, 일본인만 대상으로 선정한 25인이 아니라 전 세계를 대상으로 선정한 25인이다.

그전에도 '뚱보 캐릭터'는 있었다. 그러나 이렇게까지 대히트를 친 사람은 거의 없었다. 와타나베 나오미는 어떻게 이런 대히트를 친 것일까? 첫 번째 이유는 뚱뚱하면서도 '명랑하고, 패션 감각이 있으며, 격렬한 댄스를 소화해낸다'라는 괴리감, 바꿔 말하면 '희소성'이다. 게다가 연예인으로서도 재미있다. 2012년과 2013년의 '전무후무! 코미디 제전 더 드림매치'에서 2연속 우승을 차지했다. 세상은 언제나 웃기는 사람을 원하는 것이다.

여기에 더해 본인도 끊임없이 노력하고 있다. 2014년에 뉴욕에서 3개월 동안 유학 생활을 하며 댄스와 어학을 철저히 공부했다. 그 뒤로 들어오는 일거리의 폭이 넓어졌고, 2016년부터는 새로운 일거리가 급속하게 늘어났다고 한다.

현재 와타나베 나오미는 광고계에서도 서로 모셔 가려고 난리인 초인기스타다. 2018년 상반기에 와타나베 나오미를 광고 모델로 기

용한 회사는 11개로서 여성 연예인 중에서는 배우인 아야세 하루카(綾瀬はるか), 패션모델인 로라(ローラ)와 함께 당당 4위를 차지했다(니혼모니터 조사).

희소성 있는 존재는 높은 가치를 지닌다. 다만 그것만으로는 충분치 않다. 시장이 원해야 비싸게 팔린다.

맛이 없는데 프리미엄.
한 잔에 3,000엔짜리 커피의 이면

희소성 있는 존재는 높은 가치를 지닌다는 사실을 나 또한 경험한 적이 있다. 바로 커피다.

신주쿠의 카페에서 커피를 주문하려고 메뉴판을 본 순간, 어느 한 곳에 시선이 고정되었다.

"코피 루왁 있습니다. 한 잔 3,000엔."

코피 루왁은 영화 '버킷리스트'에서 잭 니콜슨(Jack Nicholson)이 연기한 재벌 사업가가 좋아하는 커피로 등장한 전설의 커피로, '세계에서 가장 비싸'고 알려져 있다. 카페 메뉴에서 코피 루왁을 발견한 것은 처음이었다.

커피 마니아의 피가 끓은 나는 가격 따위는 잊어버리고 즉시 코피 루왁을 주문해 마셨다. 맛은……. 솔직히 미묘했다. 독특한 향은 나지만 이보다 더 맛있는 500엔짜리 커피도 많다. 실제로 커피 전문가와 코피 루왁에 관한 이야기를 나누면 "아아, 그거요?"라며 미묘한 표정을 보일 때도 적지 않다.

사실 이 코피 루왁은 장난에서 탄생한 것이다. 존 마르티네스(John Martinez)라는 사람이 비싼 자메이카산 블루마운틴을 팔고 있었는데, 손님들이 "이봐, 존! 당신네 커피는 뭐가 이렇게 비싸?"라고 불평을 터트렸던 모양이다. 이에 자신이 부당한 이득은 취하고 있지 않음을 알리기 위해 더 비싼 코피 루왁을 팔기 시작했다고 한다. 그로서는 장난의 의도가 있었던 것이다.

그렇다면 왜 맛있다고는 말하기 어려운, 게다가 절반쯤은 장난으로 만든 코피 루왁이 세계에서 가장 비싼 커피가 되었을까?

코피 루왁은 놀랍게도 사향고양이의 똥에 들어 있는 원두에서 추출한 것이다. 우리는 흔히 '커피콩'이라고 하지만, 실제로는 '콩'이 아니라 열매의 '씨앗'이다. 커피나무라는 식물의 열매에서 과육을 제거한 씨앗 부분이 이른바 '커피 생두'가 된다. 커피 농장에서는 과육을 제거해서 생두로 만들기 위해 물로 씻거나 공기로 건조시키는데, 인도네시아의 커피 농장에서는 야생 사향고양이가 커피나무의 열매를 먹이로 삼는다. 그리고 커피 열매를 먹으면 씨앗만 소화되지 않고 똥과 함께 배설되는데, 이 똥을 열심히 찾아내서 깨끗이 세척하고 건조시켜서 배전한 것이 코피 루왁인 것이다.

"사향고양이의 장내 소화 효소와 장내 세균이 생두를 발효시켜서 독특한 향미가 더해진다"라고 알려져 있는데, 앞에서도 말했지만 나는 솔직히 맛있다는 생각이 들지 않았다. 그러나 아이러니하게도 일부 고객이 '사향고양이의 똥에서 만든 커피'로서 희소성을 높게 평가했고, 그 결과 세계에서 가장 비싼 가격에 거래되는 커피가 되었다.

여담이지만, 마르티네스는 이 업적으로 노벨상의 패러디인 '이그노벨상 영양학상'을 수상했다고 한다.

이런 사례는 그 밖에도 많다. 현재 일본 주화 수집가들 사이에서는 1987년에 발행된 50엔 동전이 무려 6,000엔에 거래되고 있다. 발행 매수가 극히 적어서 수십만 닢 중에 한 닢밖에 없는 매우 희귀한 동전이 되었기 때문이다. 많은 사람에게 50엔 동전의 가치는 발행 연도와 상관없이 50엔일 뿐이지만, 수집가들에게 1987년에 발행된 50엔 동전은 액면가의 120배나 되는 6,000엔의 가치가 있는 것이다.

이와 같이 그 희소성에 가치가 있느냐 없느냐를 결정하는 것은 어디까지나 '사는 쪽'인 고객의 가치관이다. 고객이 '희소한 거군, 갖고 싶어'라고 생각한다면 그 고객에게 팔 수 있다. 그리고 희소한 동시에 세상의 많은 사람이 원한다면 와타나베 나오미처럼 대히트를 친다. 설령 많은 사람이 원하지는 않더라도 잭 니콜슨이 연기한 재벌 사업가라든가 주화 수집가 같은 사람들이 있다면 그 사람들에게는 비싼 가격에 팔 수 있다.

이와 같이 상품을 비싸게 팔려면 세상의 수많은 고객 가운데 그 상품을 진정으로 원하는 고객을 찾아내서 그 고객이 '꼭 갖고 싶다'고 생각할 정도의 희소가치를 제공해야 한다. 그리고 그 타깃 이외에는 고객으로 여기지 않는다.

그런 까닭에 비싸게 팔기 위한 규칙은 지극히 단순하다.

올바른 타깃에게 올바른 가격으로 팔아라!

그렇다면 비싸게 팔기 위해서는 어떻게 해야 할까?

고객에게 높은 가치를 제공하는 '가치 제안' 전략

'고객이 원하며 경쟁자는 제공하지 못하는 우리만의 가치'를 마케팅에서는 '가치 제안(Value Proposition)'이라고 한다.

다음 그림을 보기 바란다.

① 우리 상품이 제공하는 가치만으로는 고객이 사줄지 알 수 없다.

② 고객이 원하는 가치와 우리 상품이 제공하는 가치가 겹치는 부분이 있어야 한다.

③ 그러나 이것만으로는 부족하다. 경쟁자가 그 가치를 제공하지 못할 때 고객은 비로소 희소성을 느끼고 비싼 값을 기꺼이 치르게 된다.

비싼 가격에 팔 수 있게 되려면 그림의 진한 부분, 즉 '가치 제안'을 명확히 해야 한다. 그리고 이를 위해서는 고객의 시점에서 고객의 니

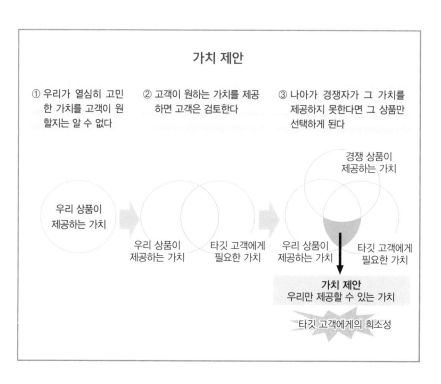

가치 제안

① 우리가 열심히 고민
한 가치를 고객이 원
할지는 알 수 없다

② 고객이 원하는 가치를 제공
하면 고객은 검토한다

③ 나아가 경쟁자가 그 가치를
제공하지 못한다면 그 상품만
선택하게 된다

경쟁 상품이
제공하는 가치

우리 상품이
제공하는 가치

우리 상품이
제공하는 가치

타깃 고객에게
필요한 가치

우리 상품이
제공하는 가치

타깃 고객에게
필요한 가치

가치 제안
우리만 제공할 수 있는 가치

타깃 고객에게의 희소성

즈를 철저히 좁혀 나가야 한다.

최근에 내게 이것을 실제로 경험시킨 상품이 있다. 우리 집에 있
는 다이슨 헤어드라이어는 정가가 4만 5,000엔이나 한다. 헤어드라
이어로서는 굉장히 비싼 가격이다. 시중에 나와 있는 헤어드라이어
들은 대부분 다양한 기능을 '세일즈 포인트'로 삼는다. 그러나 바람
은 강하지 않다. 그래서 머리카락이 마르는 데 시간이 걸리고, 열풍
은 머리카락을 손상시킨다. 한편 다이슨 헤어드라이어는 '세일즈 포
인트'가 강력한 바람뿐이다. 빨리 마르고, 머리카락도 손상되지 않는

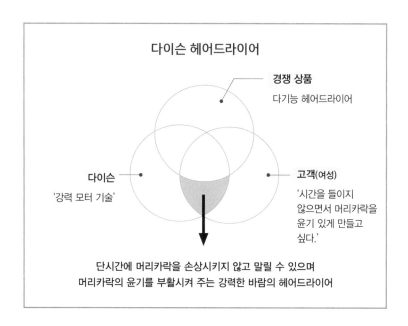

다이슨 헤어드라이어

경쟁 상품
다기능 헤어드라이어

다이슨
'강력 모터 기술'

고객(여성)
'시간을 들이지
않으면서 머리카락을
윤기 있게 만들고
싶다.'

단시간에 머리카락을 손상시키지 않고 말릴 수 있으며
머리카락의 윤기를 부활시켜 주는 강력한 바람의 헤어드라이어

다. 아내가 이 드라이어를 쓰기 시작한 지 열흘쯤 지났을 때, 나는 문
득 아내의 머리카락에 윤기가 돌아왔음을 깨달았다. 이것은 다이슨
이 청소기나 선풍기 등을 통해서 배양한 강력 모터 기술 덕분이다.
다이슨은 '머리카락을 소중히 하고 싶다'라는 여성의 니즈를 파악하
고 자사의 기술을 활용해 '강력한 바람'이라는 자신들만의 가치를 제
공했다.

한편 다른 회사의 헤어드라이어는 다양한 기능을 버리지 못하고
있다. 다시 말해 고객의 니즈를 좁히지 못하고 있다. '다기능 제품을
저렴한 가격에 대량으로 제공하면 고객이 좋아한다'라는 과거의 성

공 체험에서 좀처럼 빠져나오지 못하고 있는 것이다.

또 다른 예를 소개하겠다. 어느 날 나는 집 근처 백화점에 갔다가 니가타 현 쓰바메 시에서 만드는 식기 전시 판매장을 발견하고 들어갔는데, '카레 현인'이라는 카레 전용 스푼을 팔고 있었다. 하나에 1,250엔이나 했지만 전부터 갖고 싶었던 것이었기에 망설임 없이 구입했다.

100엔 숍에 가면 값싼 스푼을 얼마든지 살 수 있는 시대에 스푼 가격이 왜 이렇게 비싼 것일까? 이 스푼으로 카레를 먹어 보면 그 이유를 알 수 있다. 정말로 카레를 먹기에 편한 스푼인 것이다. 이 스푼은 좌우가 비대칭이다. 그리고 끝부분이 비스듬하게 완만한 곡선을 그리는데, 카레의 고명을 자르기 편하도록 2밀리미터 정도가 나이프처럼 가공되어 있다. 게다가 이 부분은 접시에 남은 밥알이나 카레 국물을 깔끔하게 떠먹을 수 있게 해준다. 평소보다 카레가 맛있게 느껴진 것은 결코 기분 탓이 아닐 것이다.

카레 전용 스푼 '카레 현인'

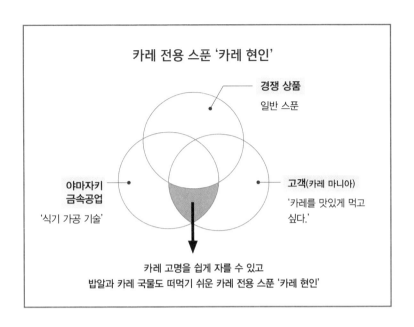

카레 전용 스푼 '카레 현인'

경쟁 상품
일반 스푼

야마자키
금속공업
'식기 가공 기술'

고객(카레 마니아)
'카레를 맛있게 먹고
싶다.'

카레 고명을 쉽게 자를 수 있고
밥알과 카레 국물도 떠먹기 쉬운 카레 전용 스푼 '카레 현인'

이 스푼을 만들어낸 사람은 니가타 현 쓰바메 시에 있는 금속 양식기 제조사인 야마자키금속공업의 젊은 개발 담당자였다. 그 개발 담당자는 '카레의 성지'로 불리는 도쿄 간다 진보초를 수시로 찾아가 가게에서 사람들이 카레 먹는 모습을 관찰하고 카레 마니아들의 이야기를 직접 들었다. 고객 중에는 자신의 스푼을 가져온 사람도 있었다고 한다. 그리고 고명을 자를 때 스푼을 나이프 대용으로 사용하는 사람이 많다는 사실을 깨달았는데, 이 발견을 바탕으로 개발한 것이 카레 전용 스푼 '카레 현인'이다.

쓰바메 시의 식기 제조사는 높은 가공 기술을 보유하고 있다. 그래서 카레 마니아들의 요구에 부응할 수 있었다. 이 카레 스푼은 2017년 7월에 발매되자마자 비싼 가격임에도 3개월 만에 1만 개가 팔리는 대 히트 상품이 되었다고 한다.

이와 같이 '비싸게 팔기' 위한 답은 현장에 있다. 현장에서 고객을 세심하게 관찰하고 철저히 전략을 짜내는 것이 타깃 고객을 좁히고 높은 평가를 만들어내는 길로 이어지는 것이다.

그렇다면 구체적으로 어떻게 진행해야 할까?

'블루오션 전략'으로 VVIP 고객을 붙잡은 레스토랑

어느 날 나는 야마모토라는 젊은 경영자의 편지를 받았다. 내 책을 읽고 '가격을 내리지 않고 가치를 높인다'라는 사고방식을 도입하고 있다고 한다. 그런데 편지를 읽다가 깜짝 놀랐다. 경영하는 주점에서 '52세 경영자'를 타깃 고객으로 삼아 한 덩이에 25만 엔의 생햄 키핑 서비스를 시작했는데 줄을 서서 기다릴 정도로 큰 인기를 끌었다는 것이다. 이건 꼭 이야기를 들어봐야겠다고 생각한 나는 며칠 뒤 그를 만나서 자세한 이야기를 들었다.

야마모토의 도전에는 가격경쟁 세계로부터 빠져나와 타깃 고객을 파악하고 높은 가치를 만들어내기 위한 힌트가 많이 담겨 있었다.

야마모토의 회사는 부친이 사장이었던 시절에 일본 최초로 스페

인산 이베리코 돼지를 수입했다. 이베리코 돼지는 스페인에서도 극히 일부만 사육되고 있는데, 그중에서도 자연산 도토리와 목초, 향초를 먹여서 키운 이베리코 돼지를 '베요타'라고 부른다. 이 회사는 이베리코 혈통 100퍼센트인 '레알 베요타'를 수입하는 일본 유일의 기업이다. 이베리코 돼지 중에서도 2퍼센트밖에 안 되는 최고급품으로, 맛도 영양도 다른 것과는 비교가 되지 않는다고 한다.

야마모토가 레알 베요타를 수입할 수 있었던 것은 부친이 현지에서 쌓아 올린 깊은 인간관계 덕분이었다. 그러나 부친이 2011년 갑작스럽게 세상을 떠났고, 젊은 야마모토가 뒤를 이었다.

이베리코 돼지는 생햄으로 먹는 경우가 많다. 그래서 이 회사는 이베리코 돼지를 먹을 수 있는 가게인 단가 5,000엔 주점 '이베리코야'를 시작했다. 그러나 경영은 여의치 않았고, 매출은 점점 감소했다. 그래서 '최고급 이베리코 돼지의 진정한 가치를 아는 고객으로 타깃을 좁히자'고 생각했다고 한다.

"타깃을 좁힌다"라는 말이 너무나 상투적으로 들릴지도 모른다. 사실 야마모토는 매출이 지금보다 더욱 크게 하락할지도 모른다는 공포를 느끼고 있었다고 한다. 그러나 이 방법 저 방법을 써봐도 하나같이 효과가 없었다. 결국 '지푸라기라도 잡는 심정으로 타깃을 좁힐 수밖에 없는' 상황이었던 것이다.

그렇다면 타깃을 어떻게 좁혀야 할까? 그 모델은 당시 응원해 줬던 고객 중에 있었다. '52세 경영자, 우월감에 잠기고 싶다, 사람들에

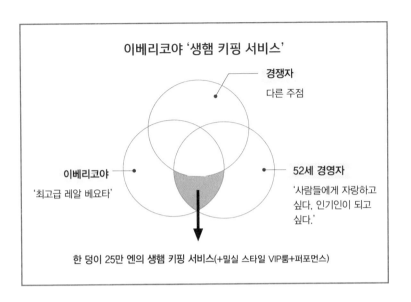

이베리코야 '생햄 키핑 서비스'

경쟁자
다른 주점

이베리코야
'최고급 레알 베요타'

52세 경영자
'사람들에게 자랑하고
싶다. 인기인이 되고
싶다.'

한 덩이 25만 엔의 생햄 키핑 서비스(+밀실 스타일 VIP룸+퍼포먼스)

게 자랑하고 싶다, 인기인이 되고 싶다고 생각하는 사람'이다. 그래
서 '이 사람이 좋아할 만한 것을 구체적으로 하자'고 생각했다.

처음에는 시행착오의 연속이었다. 먼저, 접객을 할 때 레알 베요
타에 대해 설명했다. 메뉴 커버를 고급스러운 소재로 다시 만들었다.
식기도 교체했다. 그리고 레알 베요타의 스토리를 그린 식탁 매트도
준비했다.

첫 1년 동안은 그전까지 배포했던 쿠폰을 폐지한 탓에 매출이 하
락했다. 그러나 서서히 단가가 상승해, 1년이 지났을 무렵에는 예약
으로만 만석이 되는 날이 이어지게 되었다.

야마모토는 이 타이밍에 점포 개장(改裝)을 단행했다. 한 덩이 25
만 엔에 생햄을 키핑할 수 있는 생햄 셀러(식품 저장고)와 밀실 스타일

의 개인실을 만들었다. 또한 키핑된 생햄에는 키핑한 사람의 이름을 적은 커다란 나무 명찰을 달아 놓고 지인과 함께 있는 개인실의 테이블로 가져가 눈앞에서 저며 주는 퍼포먼스도 실시했다.

이런 것들이 인기를 모았고, 이에 VIP룸도 새로 만들었다. 은행 금고를 모티프로 삼아 가게와는 다른 곳에서 들어갈 수 있게 했다. 간판도 없고, 비밀번호를 입력해서 들어간다. 나도 실제로 가게에 가봤는데, 밖에서 보면 무슨 가게인지 전혀 알 수 없으며 숨겨진 문 등 장난기가 가득했다.

이 한 덩이 25만 엔의 생햄 키핑 서비스에 대한 홍보는 일체 하지 않는다. '그 사람만이 알고 있다', '남들에게 말하고 싶어진다'라는 희소성이 큰 가치를 지닌다고 생각했기 때문이다.

이후 생햄의 판매가 성황을 이루어 생햄 셀러를 증설했지만 그곳도 1개월 만에 가득 찼다고 한다. 또한 그 뒤로도 서서히 입소문이 퍼져서 지금은 예약을 해놓고 순서를 기다리는 상황이다.

가치 제안을 정리하면 왼쪽 페이지의 그림과 같다. 이와 같이 이베리코야는 '생햄 키핑 서비스'라는 새로운 시장을 창출해 인기를 끌었다. 그렇다면 어떻게 이것을 실현했을까? 신규 시장을 창출하는 전략인 '블루오션 전략'에 입각해서 이베리코야의 도전을 살펴보자.

블루오션 전략에서는 경쟁이 치열한 시장을 피로 물든 바다에 빗대 '레드오션', 경쟁이 없는 미개척 시장을 푸른 바다에 빗대어 '블루오션'이라고 부른다. 주점 시장은 그야말로 수많은 경쟁자가 각축을

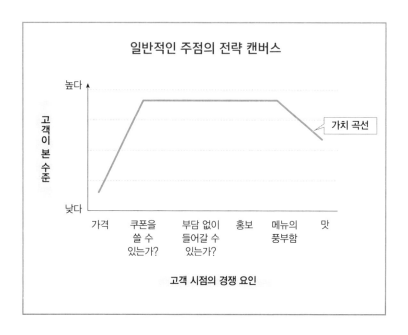

일반적인 주점의 전략 캔버스

고객이 본 수준

높다

낮다

가치 곡선

가격 / 쿠폰을 쓸 수 있는가? / 부담 없이 들어갈 수 있는가? / 홍보 / 메뉴의 풍부함 / 맛

고객 시점의 경쟁 요인

벌이는 레드오션이었다. 그러나 이베리코야는 이 레드오션에서 빠져나와 '생햄 키핑 서비스'라는 블루오션을 만들어냈다.

먼저 일반적인 주점의 상황부터 생각해 보자. 고객이 일반적인 주점을 선택하는 기준은 '가격', '쿠폰을 사용할 수 있는가?', '부담 없이 들어갈 수 있는가?', '홍보', '메뉴의 풍부함', '맛' 등일 것이다. 이처럼 고객이 가게를 선택하는 기준을 블루오션 전략에서는 '고객 시점의 경쟁 요인'이라고 한다. 그리고 고객 시점의 경쟁 요인을 가로축에 놓은 다음 각각의 고객이 바라본 수준을 점수로 매겨서 높이로 표시하면 일반적인 주점의 전략을 알 수 있다. 이 그림을 블루오션 전략에서는 '전략 캔버스'라고 부른다. 깨끗한 돛천을 '캔버스'라고 하는

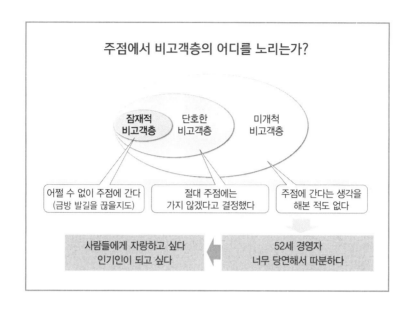

데, 말 그대로 지금부터 전략을 그리기 위한 깨끗한 그림판이다.

그리고 이 전략 캔버스 위에 그려진 곡선을 고객에게 제공할 가치를 나타낸다고 해서 '가치 곡선'이라고 한다. 가치 곡선은 캔버스 위에 그려지는 회화 같은 것이다. 전략 캔버스 위에 가치 곡선을 그리면 회화처럼 전략의 전체상이 일목요연해진다.

다음에는 타깃 고객에 관해 생각해 보자. 야마모토는 타깃 고객을 '52세 경영자, 우월감에 잠기고 싶다, 사람들에게 자랑하고 싶다, 인기인이 되고 싶다고 생각하는 사람'으로 생각했다. 이런 사람들에게 일반적인 주점은 따분하다. '어쩔 수 없이 주점에 가는' 사람도 있고, '절대 주점에는 가지 않겠다고 결정한', '주점에 간다는 생각을 해본 적도 없는' 사람도 있다. 요컨대 이런 고객은 고객층이 아니다.

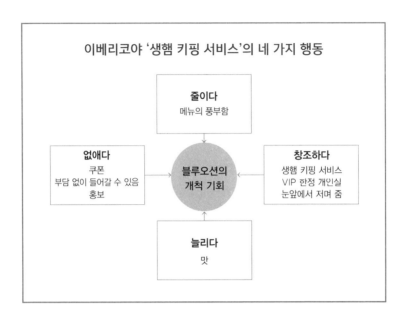

이베리코야 '생햄 키핑 서비스'의 네 가지 행동

- **줄이다**
  메뉴의 풍부함
- **없애다**
  쿠폰
  부담 없이 들어갈 수 있음
  홍보
- **블루오션의 개척 기회**
- **창조하다**
  생햄 키핑 서비스
  VIP 한정 개인실
  눈앞에서 저며 줌
- **늘리다**
  맛

그래서 블루오션 전략에서는 이들 비고객층이 가치를 느끼고 고객이 되도록 '줄인다', '없앤다', '늘린다', '창조한다'라는 '네 가지 행동'을 명확히 한다. 이베리코야는 '사람들에게 자랑하고 싶다, 인기인이 되고 싶다'는 사람들의 니즈에 부응하기 위해 '생햄 키핑 서비스', 'VIP 한정 개인실', '눈앞에서 저며 줌'이라는 요소를 창출했다. '맛'도 더욱 추구했다. 그리고 '메뉴의 풍부함'을 줄이는 동시에 '쿠폰', '부담 없이 들어갈 수 있음', '홍보' 같은 요소를 없앴다. 이런 요소는 '52세 경영자'에게 불필요하기 때문이다. 네 가지 행동을 바탕으로 이베리코야의 전략을 전략 캔버스 위에 가치 곡선으로 그린 것이 위의 그림이다. 일반적인 주점과 무엇이 다른지 한눈에 알 수 있다.

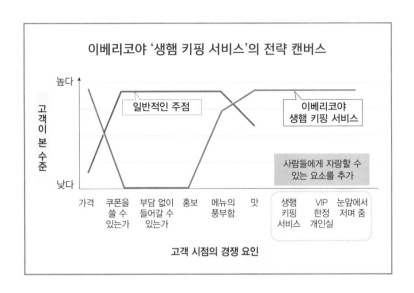

이와 같이 비싸게 팔기 위한 출발점은 상식에 얽매이지 않고 고객을 철저하게 그리고 구체적으로 좁힌 다음 고객이 '갖고 싶다'고 생각하는 높은 가치를 창출하는 것이다.

이처럼 높은 가치가 있는 상품을 비싸게 팔려면 올바른 가격설정이 필요하다. 그러나 가격설정의 방법론을 몰라서 가격을 너무 높게 설정했다가 전혀 팔리지 않거나 반대로 높은 가치를 제공하면서도 가격을 너무 낮게 설정하는 바람에 판매에 고전하는 사례가 적지 않다. 그래서 다음 장에서는 높은 가치에 걸맞은 가격을 설정하는 방법을 소개하겠다.

고객이 희소성을 추구한다면
비싸게 팔 수 있다.
올바른 고객을 파악해
올바른 가격에 팔아라!

- 먼저 가치 제안을 고민해라. 이야기는 그때부터다.

- 그리고 블루오션을 지향하자.

- 자신이 속한 업계의 전략 캔버스를 만들고 경쟁사와 자사의 가치 곡선을 그려서 자신이 해야 할 네 가지 행동을 명확히 하자.

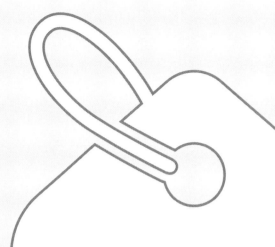

제 7 장

가격을 두 배로 올렸더니
날개 돋친 듯이 팔린 액세서리

가격 적정감과 가격설정 방법

'비싸다=고품질'이라는 앵커링

미국의 관광지에 있는 어느 토산품 판매점 이야기다. 이 가게에서는 아메리칸 원주민의 액세서리를 판매했다. 연한 파란색의 예쁜 터키석을 사용한 저렴하면서도 고품질의 액세서리다.

그런데 가게를 찾아오는 손님이 많음에도 액세서리는 전혀 팔리지 않았다. 진열 방식을 바꿔도 보고 점원에게 상품을 권하게도 해봤지만 아무런 효과가 없었다. 아무리 애를 써도 소용이 없자 화가 난 점주는 '손해를 봐도 상관없으니 전부 처분해 버리자!'라고 생각해 매장의 주임에게 "가격을 전부 1/2로 바꾸게!"라고 휘갈겨 쓴 메모를 남긴 채 매입할 상품을 보러 출장을 떠났다.

그리고 며칠 뒤 가게로 돌아온 점주는 의도했던 대로 상품이 전부 팔려 나갔음을 알았다. 그런데 매출을 확인하던 점주는 깜짝 놀랐다.

주임이 메모의 숫자를 '1/2'이 아니라 '2'로 잘못 읽고 두 배 가격에 팔았던 것이다.

왜 가격을 두 배로 올린 순간 갑자기 날개 돋친 듯이 팔리기 시작했을까? 가게를 찾아오는 관광객 중에는 부유한 사람이 많았는데, 이들은 터키석에 관해 잘 알지 못했다. 그래서 '비싼 보석은 품질이 좋다', '싼 보석은 품질이 나쁘다'라는 자신의 상식을 바탕으로 살지 말지를 판단했다. 이 상식은 앞에서도 소개한 앵커링 효과다. 요컨대 가게에서는 '고품질의 액세서리를 저렴한 가격에' 판매할 생각이었지만 관광객은 '가격이 싼 것을 보니 질이 나쁘겠구나'라고 생각해서 손을 대지 않았다는 말이다. 그리고 가격을 두 배로 올린 순간 관광객들이 '비싼 것을 보니 이 터키석은 품질이 좋구나'라고 생각하게 되어 순식간에 매진된 것이다.

'터키석은 특수한 사례일 뿐'이라고 생각할지도 모른다. 그러나 이런 예는 많다.

가격이 비싼 약일수록 '효과가 좋음'을 실증한 실험

행동경제학자인 댄 애리얼리는 '벨라돈 Rx'라는 새로운 진통제 효과 검증 실험을 실시했다. 실험에는 주민 100명이 참가했다.

실험자는 먼저 참가자들에게 "임상 실험 결과 환자의 92퍼센트가

10분 만에 통증이 크게 경감됨을 경험했다", "가격은 한 정에 2달러 50센트"라고 적힌 벨라돈 Rx의 안내 책자를 읽게 했다. 그리고 간단한 문진과 건강 검진을 한 뒤 "통증에 대한 내성을 검사하겠습니다"라고 말하며 전기 충격 발생 장치의 전극을 참가자 팔에 감았다.

검사가 시작되었다. 처음에는 조금 불쾌할 뿐이었지만 서서히 전압이 높아지자 나중에는 눈알이 튀어나올 것 같은 격렬한 통증이 되었다. 참가자들은 자신이 느낀 통증의 정도를 '전혀 아프지 않았다'부터 '견딜 수 없을 만큼 아팠다' 사이에서 선택해 기록했다.

검사가 끝난 뒤 참가자들은 벨라돈 Rx를 먹고 15분 후에 다시 똑같은 전기 충격 실험을 받는데, 대부분이 "통증이 줄어들었다"라고 대답했다.

그런데 사실 이 벨라돈 Rx는 플라세보(위약) 효과를 확인하기 위해 댄 애리얼리가 근처 약국에서 산 평범한 비타민제였다.

이 이야기는 여기에서 끝나지 않는다. 이번에는 다른 참가자를 대상으로 가격 부분을 '한 정에 2달러 50센트'에서 '한 정에 10센트'로 수정한 안내 책자를 보여주고 똑같은 실험을 실시했는데, 2달러 50센트였을 때는 거의 전원이 "통증이 줄어들었다"라고 대답했던 것과 달리 절반만이 그렇게 대답했다고 한다.

요컨대 비싼 약은 싼 약보다 효과가 있다는 말이다. 특히 약은 다른 상품보다 가격에 따라 느끼는 가치가 달라지는 경우가 많다.

가격에는 '품질 표시 기능'이 있다

터키석과 벨라돈 Rx의 사례에서 알 수 있는 사실은 가격에 '품질 표시 기능'이 있다는 것이다. 소비자가 상품의 품질을 잘 모를 경우, 가격이 품질 판단의 척도가 된다. 비싼 가격은 '안심 보증 가격'이기도 한 것이다.

실제로 가격을 높이면 고객의 구매 욕구가 자극받을 때도 많다. 2014년, '쇠고기덮밥'을 290엔에 팔던 마쓰야가 '프리미엄 쇠고기덮밥'을 380엔에 팔기 시작해 큰 화제가 되었다. 저렴한 가격을 경쟁하던 쇠고기덮밥 업계에서 대담하게 가격을 30퍼센트나 올리자 '가격이 비싼 것을 보면 맛있겠군' 하는 생각에서 고객들이 흥미를 느꼈던 것이다. 인터넷에도 "'프리미엄 쇠고기덮밥'과 일반 '쇠고기덮밥'의 맛을 비교해 봤다"라는 글이 속속 올라왔다. 이렇게 말하는 나도 먹어 봤는데, 분명히 기본보다 맛있게 느껴졌다(지금 생각하면 플라세보 효과였는지도 모르지만, 어쨌든 그렇게 느꼈다).

사람은 비싼 가격에 흥미를 보인다는 것을 실험으로 증명한 미국 학자가 있다. 실험 참가자들에게 상품 가격을 50~80퍼센트 높여서 보여줬더니 "이 상품을 꼭 사고 싶다"라는 의견이 급증했다고 한다. 가격을 높이자 흥미가 솟아나서 구매 의욕이 자극받은 것이다.

대부분의 경우 상품 가격을 필요 이상으로 낮추는 경향이 있다. 그러나 실제로는 가격을 높였더니 더 팔리는 경우도 많다.

가격을 올리면 블랙컨슈머가 사라진다

그러나 한편으로 이렇게 생각하는 사람도 있다.

'가격을 올리면 고객이 떨어져 나갈 거야.'

그러나 가격을 올려도 그 가치를 인정하고 찾아주는 고객이 있다면 걱정할 필요 없다. 오히려 '떨어져 나가는 고객은 고객이 아니야. 진짜 고객만이 남은 것이지. 차라리 잘됐어'라고 생각해야 한다. 떨어져 나가는 고객 중에는 '악덕 고객'이 많기 때문이다.

영업 사원인 스즈키는 한 고객에게 이런 말을 들었다.

"견적서를 가져와 봐. 다른 10개 회사에도 견적서를 가져오라고 했으니 비교해 보고 가장 싼 곳으로 결정하지."

최종 후보로 살아남자 어떻게 해서든 계약을 따내고 싶었던 스즈키는 무릎을 꿇고 "뭐든지 하겠습니다"라고 애원한 끝에 결국 계약을 성사시켰다. 그러자 고객은 그 뒤로 무리한 요구를 시작했다. "이거 공짜로 해줘"는 일상다반사이고, 작은 실수를 지적하며 가격을 더 내리도록 요구하기도 했다. 그럴 때마다 스즈키는 어떻게든 가격을 맞춰 보려고 사내를 뛰어다녀야 했고, 결국 스트레스로 몸이 망가져 버렸다.

악덕 고객은 억지를 부리고 무리한 가격인하를 요구하며 나아가 대금 지급을 차일피일 미루기까지 한다. 그래서 돈은 들어오지 않는데 비용과 수고만 들어간다. 여러분도 이런 고객을 한두 명쯤은 알고

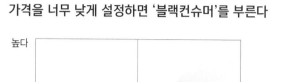

가격을 너무 낮게 설정하면 '블랙컨슈머'를 부른다

'최적의 가격을 실현하기 위한 8단계'(로버트 J. 돌란, 〈하버드 비즈니스 리뷰〉 2014년 7월 호) 참고

있을지 모른다. 무리한 요구를 하더라도 그에 걸맞은 돈을 준다면 좋은 고객이다. 그러나 이들은 위의 그림에서 오른쪽 상단에 위치하는 고객이다. 들이는 비용에 걸맞은 비싼 가격을 설정하지 않으니까 '블랙컨슈머'가 모여드는 것이다. 고객이 가격인하를 요구하면 예의를 다하면서 정중하게 거절해야 한다.

이렇게 말하면 '고객은 왕인데 거절하라니 말도 안 돼'라고 생각하는 사람이 적지 않은데, 그렇게 생각하니까 끝없는 가격경쟁에 휘말려 피폐해지는 것이다. 게다가 무리한 요구를 들어준들 고맙게 생각하는 고객은 많지 않다.

물론 고객은 소중히 생각해야 한다. 그러나 고객은 결코 왕이 아니다. 누구를 고객으로 삼을지 주체적으로 결정해야 한다. 그리고 이때 중요한 열쇠가 가격이다. 고객의 질은 가격에 비례해서 달라진다. 비싼 가격을 설정하면 블랙컨슈머는 거의 없어진다.

참고로 스즈키의 회사는 현재 그 고객을 '블랙리스트'에 올려놓았다.

모든 상품에는 '가격 적정감'이 있다

'그렇구나! 무조건 비싸게 팔면 되는 거였어!'

이렇게 생각했을지도 모르지만, 반대로 가격이 너무 비싸면 전혀 팔리지 않게 된다. 한 중견 회사의 상품 개발 담당자가 "고부가가치를 철저히 추구한 야심작입니다!"라며 가정용 조리 기구를 보여줬다. 전문 요리사도 감탄할 정도의 기능이 가득했다. 그러나 가격을 보고 깜짝 놀랐다.

"O십만 엔!" 일반적인 가격의 10배였다. 나는 은근슬쩍 물어봤다.

"이거 괜찮네요. 그런데 잘 팔리고 있나요?"

"사실은 아직 몇 대밖에 안 팔렸습니다. 사장님께서 어떻게든 판매량을 늘리라고 하시네요."

담당자는 난처하다는 표정을 지었다.

가격이 너무 비싸면 고객은 '나하고는 상관없는 물건이야'라며 흥미를 잃고 만다. 앞에서 소개한 실험에서도 가격을 50~80퍼센트 올렸을 때는 많은 사람이 흥미를 보였지만 1.9~2.5배나 올리자 대부분 흥미를 잃었다고 한다.

마케팅 일인자인 필립 코틀러(Philip Kotler)도 저서에서 드러커(Peter Drucker)의 말을 인용해 이렇게 경계했다.

"프리미엄 가격을 사랑하는 기업은 경쟁사를 위해 시장을 창조해 주는 셈이다."

이 회사도 경쟁사에 고성능 가정용 조리 기구의 힌트를 제공했을 뿐인지도 모른다.

가격이 너무 싸면 소비자가 수상쩍게 여겨서 사지 않는다. 가격을 올리지 않으면 '블랙컨슈머' 등의 문제가 발생한다. 그러나 가격이 너무 비싸도 팔리지 않는다. 필요한 것은 '가격 적정감'이다. 고객은 '이 상품은 이 정도 가격'이라는 감각을 갖고 있는데, 이것을 '가격 적정감'이라고 한다. 마케팅에서는 '내적 참조 가격'이라고 부른다. 모든 상품에는 이 가격 적정감이 있다.

고객은 '좋기는 한데 비싸네'라고 생각한 상품은 사지 않는다. '비싸기는 하지만 그만한 가치가 있어'라고 생각한 상품을 산다. 양자는 비슷한 것 같지만 전혀 다르다. 그리고 이 차이를 가르는 것이 바로

'가격 적정감'이다.

소니의 창업자 모리타 아키오(盛田昭夫)의 입버릇도 "가격 적정감이 중요해"였다. 그는 '가격 적정감'의 중요성을 잘 알고 있었다. 가령 소니가 1979년에 발매한 워크맨은 정가가 3만 3,000엔이었는데, 당시의 원가는 4만 8,000엔이었다. 요컨대 3만 3,000엔에 팔면 적자를 볼 수밖에 없었다. 왜 소니는 워크맨을 원가 이하에 팔기 시작했을까?

당시는 워크맨처럼 밖으로 가지고 나가서 음악을 들을 수 있는 상품이 없었다. 본보기로 삼을 것도 참고할 것도 없었다. 워크맨을 개발하던 무렵, 소니 공장에서 원형을 조립하던 청년이나 아르바이트 직원들은 "이거 괜찮네", "얼마에 팔릴까?"라는 이야기를 나눴다고 한다. 그래서 개발 책임자가 그들에게 "자네들은 얼마라면 사겠나?"라고 물어보니 "3만 엔이라면 바로 살 겁니다"라고 말한 사람이 가장 많았다. 그 이야기를 들은 모리타 씨는 '3만 엔에 팔면 성공한다'고 확신하고 '3만 3,000엔'에 판매하기로 결정했다. 당시 아키하바라에서는 소니 상품이 10퍼센트 할인된 가격으로 팔렸으므로 실제 구매 가능 가격은 3만 엔 이하가 된다. 이 무렵 일본 가전제품 제조사들이 가격을 설정하는 방식은 대부분 '들인 비용 더하기 이익'이었는데, 모리타는 '고객이 사고 싶어지는 가격'을 우선적으로 생각하며 가격을 결정한 것이다.

이렇게 해서 발매된 워크맨은 그야말로 '비싸지만 그만한 가치가 있는' 상품이 되어 날개 돋친 듯이 팔렸다. 누적 판매 대수는 10년 동안 5,000만 대, 20년 동안 1억 8,900만 대에 이르렀다. 이렇게 생산 대수가 늘어나자 원가도 낮아지면서 막대한 이익도 생겼다.

이 무렵의 소니는 '비싸지만 그만한 가치가 있는' 상품을 잇달아 내놓았고, 스티브 잡스(Steve Jobs)의 애플도 한 수 접을 정도의 브랜드 가치를 만들어냈다.

초등학생부터 대학 수험생까지를 대상으로 인기 강사의 강의 동영상을 발신하는 '스터디서플'도 이 '가격 적정감'을 염두에 둔 서비스다. 창업자가 '스터디서플(당시의 이름은 입시서플)'을 시작하면서 설문 조사를 실시했는데, "월정액 5,000엔이라면 가입해 볼 의향이 있다"라는 목소리가 많았다. 학원에 다니거나 과외를 받을 때 들어가는 비용을 생각하면 타당해 보이는 가격이다. 그래서 월정액 5,000엔에 서비스를 시작했지만 전혀 반응이 없었다고 한다. 실제 '가격 적정감'은 월정액 5,000엔이 아니었던 것이다.

곰곰이 생각해 보니 월정액 5,000엔짜리 인터넷 동영상 콘텐츠는 이 세상에 없었다. 설문 조사만으로는 진짜 가격 적정감을 파악할 수 없었던 것이다. 그리고 주목한 것이 당시 월정액 980엔에 영화와 드라마를 마음껏 볼 수 있는 서비스인 '훌루(Hulu)'였다. 이것을 보고 '인터넷 동영상 서비스의 가격 적정감은 월정액 980엔'으로 생각을 바꾼 창업자는 요금을 기존의 5분의 1인 980엔으로 인하하는 동시에 광고를 개시했고, 그 결과 회원 수는 급격히 증가했다.

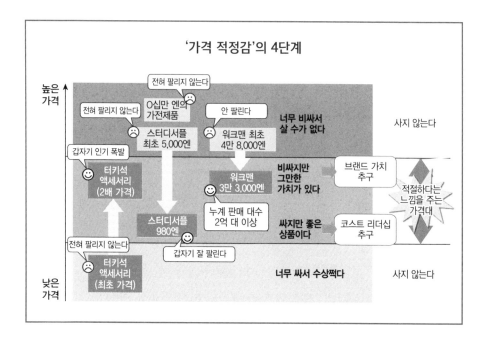

정리하면, 가격 적정감에는 네 단계가 있다.

① 너무 싸서 수상쩍다

터키석 액세서리가 팔리지 않았던 이유는 품질에 걸맞은 가격이
아니었던 탓에 고객이 불안감을 느꼈기 때문이었다.

② 싸지만 좋은 상품이다

가격을 인하하자 많은 사람이 스터디서플을 이용하기 시작했다.

③ 비싸지만 그만한 가치가 있다

3만 3,000엔에 팔기 시작한 워크맨 초기 모델은 프리미엄 상품이 되어 모두가 갖고 싶어 하는 물건이 되었다. 현재 애플도 이 패턴이다.

④ 너무 비싸서 살 수가 없다

O십만 엔이나 하는 가정용 조리 기구나 월정액 5,000엔이었던 초기 스터디서플은 상품은 좋지만 너무 비싼 탓에 거의 팔리지 않았다.

'적절하다는 느낌을 주는 가격대'는 '② 싸지만 좋은 상품이다'와 '③ 비싸지만 그만한 가치가 있다' 사이에 존재한다. '② 싸지만 좋은 상품이다'의 경우는 많이 팔아서 규모의 경제로 코스트 리더십을 지향한다. '③ 비싸지만 그만한 가치가 있다'의 경우는 높은 브랜드 가치 창출을 지향한다.

실천! 가격을 설정하는 방법

그렇다면 가격을 어떻게 결정해야 할까? 순서에 따라 소개하겠다.

■ 경쟁사의 가격에 맞추는 '경쟁자 기준형 가격설정'

경쟁사의 가격을 확인하고 그에 맞춰서 가격을 결정하는 방법이다. 그러나 이것은 가격 결정의 주도권을 포기하는 행동이다. 경쟁사에게 지지 않도록 가격을 내리려다 적자에 빠질 위험성도 높다. 과거에 가격경쟁으로 신음했던 쇠고기덮밥 업계는 바로 이런 상황에 빠져 버렸다.

■ 비용을 기준으로 생각하는 '비용 기준형 가격설정'

'비용 더하기 이익'이라는 개념으로 가격을 결정한다. '비용이 얼마나 들어가는가?'는 매출보다 정확하게 예상이 가능하다. 그래서 가격을 결정하기 쉬운 까닭에 널리 이용되어 온 방법이다. 가령 전력 회사는 수입한 석유 등의 비용에 이익을 얹어서 전기 요금을 결정한다.

만드는 족족 팔리는 시대였던 1990년대까지 일본 기업의 성공 패턴은 좋은 상품을 만들고 비용을 절감하면서 여기에 이익을 조금 얹어 대량으로 판매하는 것이었다. 그리고 지금도 많은 기업이 이 사고방식에 물들어 비용 기준형 가격설정을 당연하다는 듯이 사용하고 있다.

그러나 이 방법은 고객의 '가격 적정감'을 전혀 고려하지 않는다. 상품이 너무 늘어난 오늘날에는 '너무 싸서 수상쩍다'든가 '너무 비싸서 살 수가 없다'와 같이 가격 적정감을 벗어난 가격대가 되어서 팔리지 않는 경우도 적지 않다. 고객은 기업이 비용을 얼마나 들였든 전혀 관심이 없는 것이다.

■ 고객의 가격 적정감을 기준으로 결정하는 '가치 기준형 가격설정'

이 가격설정 방법의 출발점은 '고객의 가격 적정감'이다. '고객은 이 가격에 팔기를 원할 것이다. 그러니 이런 상품이나 서비스를 제공하자'라고 생각한다.

모리타가 있었던 시절의 소니는 일본에서 가치 기준형 가격설정을 실천하는 보기 드문 기업이었다. 워크맨도 '정가는 3만 3,000엔으로 결정하자, 이 가격에 팔 경우 3만 대 이상을 팔아야 이익이 난다'라고 생각했다.

지금은 소비자가 냉정한 눈으로 바라보는 시대인 까닭에 이 방법으로 가격을 설정할 필요성이 점점 커지고 있다.

가치 기준형 가격설정 방법에 따라서 결정된 가격으로는 도저히 상품이나 서비스를 제공할 수 없을 때도 있다. 그러나 그런 상품이나 서비스는 애초에 팔리지 않는다. 물건이 팔리지 않는다면 그 이유는 상품에 매력이 없거나 가격이 잘못되었거나 둘 중 하나다. 좋은 상품이라도 '가격 적정감이 있는 가격'에 제공하지 못하면 팔리지 않는 것이다.

이와 같이 먼저 '가격 적정감이 있는 가격'을 결정하고 '가치 기준형 가격설정'에 입각해서 어떻게 해야 그 가격에 상품이나 서비스를 만들 수 있을지 고민해야 한다. 그렇다면 '가격 적정감이 있는 가격'은 어떻게 결정해야 할까?

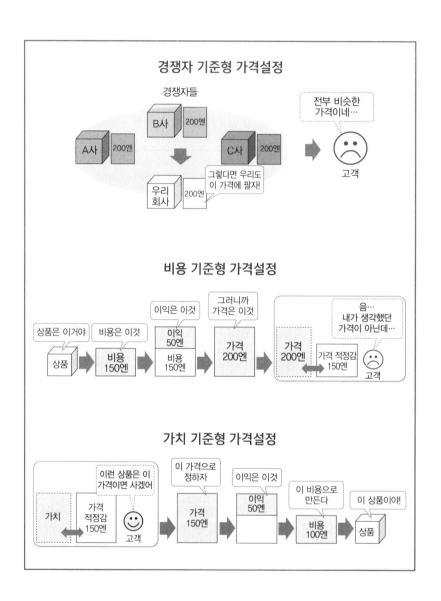

가격 적정감이 있는 가격을 알아내는 방법

소니가 워크맨 정가를 3만 3,000엔으로 정한 근거는 공장에서 일하는 청년들과 아르바이트 직원들의 의견을 들은 것이었다.

가장 확실한 방법은 실제로 상품을 사는 소비자에게 가격 적정감을 물어보는 것이다. 그러나 이것은 현실적으로 매우 어려운 일이다. 소비자에게 직접 물어보면 어떻게 될까? "이 상품이 얼마라면 구입하시겠습니까?"라는 질문을 받으면 평소에는 가격을 신경 쓰지 않고 샀더라도 갑자기 가격이 신경 쓰여서 평소보다 낮은 가격을 대답할 가능성이 있다. 혹은 질문하는 사람이 예쁜 여성이거나 잘생긴 남성이라면 무의식중에 비싼 가격을 대답하는 사람도 있을지 모른다. 이처럼 소비자에게서 가격의 본질을 이끌어내는 것은 매우 어려운 일이다.

방법은 몇 가지가 있다. 예를 들어 과거에 자신이 고객의 위치에 있었던 상품을 팔 경우는 가격 적정감을 피부로 느낄 수 있다. 이때는 그 감각을 바탕으로 가격을 결정해도 된다. 이해관계가 없어서 제삼자적인 의견을 말해 줄 수 있는 고객이나 전문가가 있다면 그 사람에게 물어보는 것도 효과적이다. 이 경우는 의견이 편중되지 않도록 10명 정도에게 물어보는 것이 가장 좋다.

또한 소비자에게서 '가격 적정감'을 알아내기 위한 방법도 고안되고 있다. 그 대표적인 방법이 네덜란드의 경제학자인 베스텐도르프

(Peter van Westendorp)가 1976년에 개발한 것으로 알려진 가격 민감도 (Price Sensitivity Meter; PSM) 분석이다.

타깃으로 삼는 소비자를 수십 명에서 수백 명 선정해 다음 네 가지 질문을 한다.

질문① '너무 싸서 품질에 문제가 있을 것 같다'고 느끼기 시작하는 가격은 얼마입니까?

질문② '싸지만 품질에 문제는 없을 것 같다'고 느끼는 가격은 얼마입니까?

질문③ '비싸지만 살 가치가 있다'고 느끼기 시작하는 가격은 얼마입니까?

질문④ '품질은 좋지만 너무 비싸서 살 수가 없다'고 느끼는 가격은 얼마입니까?

이 네 가지 질문에 대한 답변을 가격별로 집계한 다음, 답변자 전체에 대한 비율을 세로축으로 삼은 그래프 네 개를 만든다. 그리고 그래프 네 개를 하나의 그래프로 합치면 가격 적정감을 알 수 있다.

이 그래프에서 '질문① 너무 싸다'와 '질문③ 비싸다'의 교점은 낮은 쪽의 한계 가격, '질문② 싸다'와 '질문④ 너무 비싸다'의 교점은 높은 쪽의 한계 가격이 된다. 그리고 그 사이가 '가격 적정감이 있는 가격대'다.

그 밖에 컨조인트 분석이라는 방법도 있다. 우리가 상품을 살 경

PSM 분석으로 '가격 적정감'을 파악한다

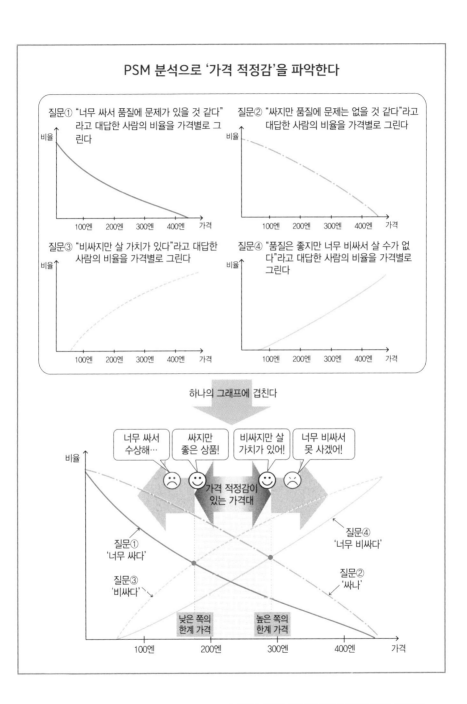

질문① "너무 싸서 품질에 문제가 있을 것 같다"라고 대답한 사람의 비율을 가격별로 그린다

질문② "싸지만 품질에 문제는 없을 것 같다"라고 대답한 사람의 비율을 가격별로 그린다

질문③ "비싸지만 살 가치가 있다"라고 대답한 사람의 비율을 가격별로 그린다

질문④ "품질은 좋지만 너무 비싸서 살 수가 없다"라고 대답한 사람의 비율을 가격별로 그린다

하나의 그래프에 겹친다

너무 싸서 수상해…

싸지만 좋은 상품!

비싸지만 살 가치가 있어!

너무 비싸서 못 사겠어!

가격 적정감이 있는 가격대

질문① '너무 싸다'

질문③ '비싸다'

질문④ '너무 비싸다'

질문② '싸나'

낮은 쪽의 한계 가격

높은 쪽의 한계 가격

우, 가격뿐만 아니라 다양한 '선택 근거'가 있다. 그래서 컨조인트 분석은 고객의 '선택 근거'를 몇 종류 정도 생각해내고 그것을 조합한 상품의 이미지를 만들어 고객에게 보여준 다음 사고 싶은 순서를 결정하게 한다.

예를 들면 가족이 임대 아파트를 빌릴 때의 '선택 근거'를 이렇게 생각한다.

- 넓이(이를테면 2LDK, 3LDK, 4LDK)

- 역까지의 거리(도보 5분, 10분)

- 건축 연수(5년, 10년, 20년)

- 집세(10만 엔, 12만 엔, 15만 엔)

그리고 이 '선택 근거'를 조합해 질문용으로 이런 물건의 이미지를 만든다.

- 2LDK, 역까지 도보 5분, 건축 연수 5년, 10만 엔

- 3LDK, 역까지 도보 10분, 건축 연수 10년, 12만 엔

- 4LDK, 역까지 도보 10분, 건축 연수 20년, 15만 엔

다음에는 답변자에게 이 세 가지를 빌리고 싶은 순서대로 나열하게 한다(여기에서는 간략화했지만 실제로는 8종류에서 27종류의 조합을 준비한다).

이것을 이를테면 답변자 100명에게 실시하고 결과는 전용 통계 소프트웨어로 분석한다. 그러면 고객이 각각의 '선택 근거(넓이, 도보 시간, 건축 연수, 집세) 가운데 무엇을 더 중요하다고 생각하는지를 숫자로

파악할 수 있다. 집세는 고객이 집을 선택하는 이유 중 한 가지 요소에 불과하다. 그래서 컨조인트 분석을 통해 다양한 요인의 최적 조합을 찾는 것이다.

"설문 조사도 전용 통계 소프트웨어를 이용한 분석도 하고 싶지 않아"라는 사람에게는 다른 방법이 있다. 가령 여러분이 프리랜서라면 일을 맡을 때 기한·할 수 있는 일·보수(가격) 등 다양한 조건을 상대방에게 제시할 것이다. 그 조건들을 한눈에 볼 수 있도록 정리한 다음 자신이 일을 맡지 못한 이유를 확인해 보기 바란다. 만약 '보수가 너무 높아서'라는 이유가 단 하나도 없었다면 아마도 여러분은 너무 낮은 보수를 제시하고 있는 것이다.

설령 보수를 두 배로 올린 결과 수주 안건이 절반 줄어들었다 한들 수입은 똑같다. 오히려 시간을 충분히 들여서 높은 수준의 결과물을 만들어낼 수 있게 되어 여러분의 평판이 높아질 가능성도 있다.

이 장에서는 가격을 어떻게 결정할지에 관해 살펴봤다. 올바른 가격을 설정하면 올바른 타깃의 고객이 늘어나게 된다. 그리고 무엇보다 중요한 점은 고객에게 만족을 줘서 계속 이용하게 하는 것이다. 이것과 가격전략도 깊은 관계가 있다.

다음 장에서는 이 부분에 관해서 소개하려 한다.

팔리지 않는 이유는 두 가지뿐이다.
1. 상품에 매력이 없다
2. 가격 적정감이 없다
'가격 적정감'이야말로 가격설정의 핵심이다.

- 가격에는 품질 표시 기능이 있다.

- 가격을 높게 결정하면 블랙컨슈머가 사라진다.

- '가격 적정감'의 4단계를 항상 의식하자.

- '가격 적정감이 있는 가격'을 생각한 다음 가치 기준형 가격설정에 입각해서
  상품을 개발하자.

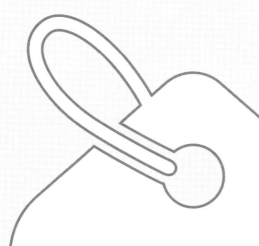

제 8 장

가격을 1달러 인하한 경쟁사에 1달러 인상으로 대응해서 승리한 스미노프

고객 충성도와 브랜드

마쓰자키 시게루의 갈색 피부를 통해서 생각하는
'브랜드 전략'

여러분은 '마쓰자키시게루색'을 아는가? 피부를 갈색으로 태운 인기 연예인 마쓰자키 시게루(松崎しげる)의 피부색에 맞춘 그림물감 색이다. 실제로 사쿠라크레파스에 '마쓰자키시게루색'이 있다. 참고로 색 배합은 노란색 25퍼센트, 주홍색 45퍼센트, 녹색 14퍼센트, 흰색 16퍼센트라고 한다.

나는 히로시마 현의 이벤트에서 마쓰자키 시게루를 직접 본 적이 있는데, 정말로 커피콩을 연상시킬 만큼 진한 갈색이었다. 성격도 라틴계처럼 열정적이었다. 피부색도 성격도 진한 사람인 것이다. 그리고 이벤트가 끝날 무렵, 스테이지에서 히로시마 현지사 옆에 선 시게루는 자신의 대표곡인 '사랑의 메모리' 가사를 바꿔서 불렀다.

"……이 세상에 중요한 것은 서로 사랑하는 것뿐이라고, 히로시마는 가르쳐 주네~ 아아~"

가사에 '히로시마'를 집어넣으며 목이 터져라 청춘 시절의 노래를 열창하는 그를 눈앞에서 바라보던 히로시마 현지사의 눈에는 감격의 눈물이 맺혀 있었다.

이벤트가 끝난 뒤, 촬영에 함께 참가했던 카메라맨이 생각에 잠겨 있었다.

"이거 참……. 피부가 너무 까매서 노출이 맞지 않았어요."

"기자 회견이 끝나서 다시 촬영할 수도 없을 텐데요."

"……포토샵으로 어떻게든 해봐야겠네요."

이 정도로 피부를 심하게 태우는데 피부 손상이 없는지 걱정이 되지만, '걸어 다니는 멜라닌 색소'를 자처하는 본인은 팬의 기대를 배신하지 않도록 태닝숍을 꾸준히 다닐 뿐만 아니라 자택과 사무실에 '마이애미'라고 이름 붙인 태닝 머신도 설치했다고 한다. 마쓰자키 시게루의 행동은 언제나 고객 제일주의다. 자신을 상품으로 생각하고 항상 일관적으로 행동한다. 그 덕분에 '마쓰자키 시게루 브랜드'도 흔들림 없이 굳건해서, 지금도 각종 이벤트에 단골손님으로 참석하는 인기스타다.

마쓰자키 시게루는 높은 브랜드를 유지하며 고객에게 꾸준한 사랑을 받기 위해서는 팬의 기대를 배신하지 않고 일관적으로 행동하는 것이 중요하다는 사실을 우리에게 가르쳐 준다.

마지막 장인 이 장에서는 가격, 브랜드와 고객 충성도에 관해 생각해 보도록 하겠다.

경쟁사의 가격인하 공세에 가격인상으로 대응한 스미노프

1960년대 미국. 보드카 '스미노프'를 판매하는 휴블라인사는 20년에 걸쳐 미국 국내 시장 점유율 1위라는 전성기를 구가하고 있었다. 그런데 어느 날, 경쟁사인 시그램사가 이런 발표를 했다.

"스미노프와 동등한 품질인 신상품 울프슈미트를 1달러 더 싸게 출시합니다!"

휴블라인의 관계자들은 즉시 모여서 대책을 협의했다.

"우리도 스미노프를 1달러 인하해서 대응합시다."

"그래서는 매출도 이익도 하락할 뿐입니다. 가격은 유지한 채 광고와 판촉으로 공세를 취합시다."

"그것도 돈이 들어가기는 마찬가지입니다. 일단은 관망하는 편이 어떨까요?"

"관망하자고요? 경쟁사에 시장을 빼앗길 뿐입니다."

회의에서 나온 대책은 모두 일장일단이 있었다. 결국 고민 끝에 스미노프가 실행한 대책은 다음 세 가지였다.

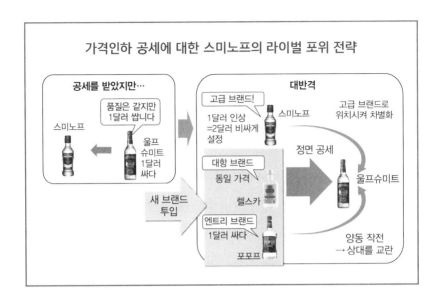

가격인하 공세에 대한 스미노프의 라이벌 포위 전략

공세를 받았지만…

품질은 같지만
1달러 쌉니다

스미노프

울프
슈미트
1달러
싸다

새 브랜드
투입

대반격

고급 브랜드!

1달러 인상
=2달러 비싸게
설정

스미노프

고급 브랜드로
위치시켜 차별화

대항 브랜드

동일 가격

렐스카

정면 공세

울프슈미트

엔트리 브랜드

1달러 싸다

포포프

양동 작전
→ 상대를 교란

1. 이미 고급 브랜드 이미지를 확립한 스미노프의 가격을 1달러 더 인상한다.

2. 울프슈미트에 대항하는 브랜드로 같은 가격의 신상품 '렐스카'를 투입한다.

3. 경쟁사를 더욱 교란시켜 울프슈미트보다 1달러 싼 '포포프'를 투입한다.

그 결과, 가격경쟁을 시도했던 시그램사의 울프슈미트는 생각지도 못한 반격을 받아 큰 혼란에 빠졌으며 아무런 대응책도 마련하지 못했다. 한편 스미노프는 이 기세를 타고 1980년대까지 미국 시장 점유율 1위를 유지했으며 포포프도 점유율 2위를 차지했다. 스미노프의 가격을 인상함으로써 이미 확립해 놓았던 고급 브랜드 이미지가 더욱 상승했고 매출과 이익도 증가했으며 나아가 상품 라인업도 늘어난 것이다. 그렇다면 왜 스미노프는 가격을 인상했을까?

'단골 고객'은 가격을 신경 쓰지 않는다

높은 브랜드 이미지를 보유한 스미노프에는 수많은 고객이 있다.

사실 '고객'은 한 유형이 아니며 다종다양한데, 고객을 분류할 때 '고객 충성도'라는 개념이 도움된다. '고객 충성도'에 관해서는 앞에서 기볍게 소개힌 바 있지만 다시 한 번 정리해 보도록 하겠다.

고객 충성도를 기준으로 분류하면 고객은 '잠재 고객 → 가망 고객 → 신규 고객 → 반복 구매 고객 → 단골 고객 → 충성 고객'로 진화한다. 이 가운데 '반복 구매 고객'과 '단골 고객'은 계속해서 상품이나 서비스를 구입하거나 이용하며, 여기에서 나아가 '충성 고객'이 되면 마치 그 브랜드의 영업사원처럼 지인 등에게 열심히 상품을 권하게 된다. 요컨대 고객 충성도가 높은 고객은 기업에 가져다주는 수익의 총액도 큰 것이다. 이렇게 고객이 가져다주는 가치의 총량을 '고객 생애 가치'라고 한다. 고객 충성도가 높은 고객은 '고객 생애 가치'도 높다.

스미노프는 이 고객 충성도가 높은 고객을 많이 보유해 고급 브랜드라는 지위를 획득하고 있었다. 고객 충성도가 낮은 고객, 특히 전망 고객 등은 가격을 신경 쓸 때가 많다. 그래서 가격이 오르면 사지 않는다. 그러나 고객 충성도가 높은 고객은 가격만을 기준으로 삼지 않는다. 가치를 수긍하면 가격이 비싸도 지갑을 연다. 가격을 올리더라도 수긍할 수 있는 수준이라면 계속해서 구입하는 고객이 많다.

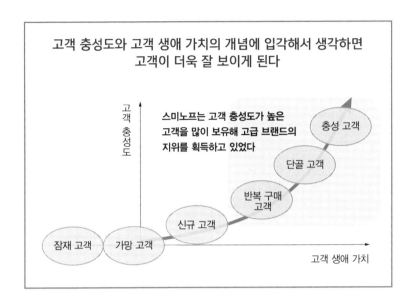

고객 충성도와 고객 생애 가치의 개념에 입각해서 생각하면
고객이 더욱 잘 보이게 된다

스미노프는 고객 충성도가 높은
고객을 많이 보유해 고급 브랜드의
지위를 획득하고 있었다

고객 충성도

충성 고객

단골 고객

반복 구매
고객

신규 고객

잠재 고객   가망 고객

고객 생애 가치

그러므로 라이벌이 가격인하로 공격하더라도 안일하게 가격을 내려서는 절대 안 된다. 설령 비싸더라도 항상 같은 가격이기에 안심하고 구입하는 것이다. 안일한 가격인하는 비싼 가격을 수긍하고 지갑을 여는 고객 충성도 높은 고객을 배신하고 스스로 브랜드 가치를 떨어뜨릴 뿐이다. 스미노프는 이 점을 잘 알고 있었다. 그래서 경쟁사의 가격인하 공세에 맞대응하는 대신 오히려 이것을 기회로 파악하고 스미노프의 가격을 인상해 브랜드 가치를 향상시켰으며 나아가 신상품 '포포프'까지 성공시킨 것이다.

그러나 이렇게 생각하는 사람도 있을지 모른다.

'반복 구매 고객이나 단골 고객은 이미 고객이 된 사람들이잖아? 가격을 인하하면 여기에 새로운 고객도 늘릴 수 있지 않겠어?'

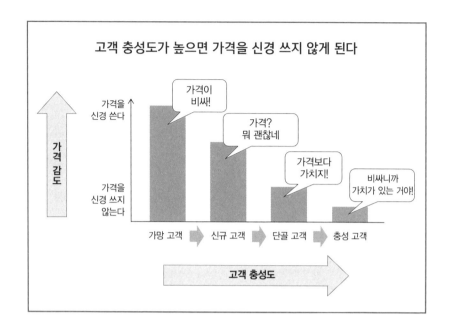

고객 충성도가 높으면 가격을 신경 쓰지 않게 된다

이것은 위험한 생각이다. 새로운 고객의 매출을 높이려는 목적으로 가격을 내리면 기존의 소중한 고객이 떠나 버리기 때문이다.

가격을 인하하자 고객이 달라진 호텔

'어라? 이 호텔, 예전하고 많이 달라졌네!'

이곳은 과거에 황족도 숙박했다고 하는 유서 깊은 호텔이다. 결코 저렴하지는 않지만 운치가 있고 분위기도 차분하며 서비스도 세심하기에 우리 가족은 특별한 날에 종종 이용했다. 고객도 여유롭게 시간을 보내는 성인이 많았다.

그런데 어느 날, 숙박 예약 사이트에 들어가니 이 호텔이 굉장히 저렴한 가격에 나와 있었다. 그래서 예약을 하고 호텔에 갔는데, 분위기가 전과는 크게 바뀌어 있었다. 청년들이 중심이었고 동남아시아에서 온 숙박객도 많아서 호텔 안이 혼잡했다. 종업원들도 열심히 접객하기는 했지만 예전처럼 세심한 서비스를 하기에는 일손이 부족해 보였다. 예전에 다수파였던 '성인 고객'이 설 자리는 없어 보였다. 그 후에도 몇 차례 가 봤지만 더 이상 특별한 날에 묵을 만한 호텔은 아니었다.

가격을 크게 인하한 결과 이 호텔은 청년과 동남아시아 관광객들로 붐비게 되었다. 그러나 100년에 걸쳐 쌓아 왔던 '특별한 날에 느긋하게 시간을 보내고 싶은 호텔'이라는 가치는 완전히 무너져 내렸고, 기존 고객은 떠나고 말았다. 이렇게 떠난 고객은 돌아오지 않는다. 그리고 객단가는 하락해 버렸다.

이와 같이 눈앞의 매출 확대를 위해 가격을 인하한 결과 저렴한 가격만이 목적인 고객이 모여들고 그전까지 단골이 되어 줬던 소중한 고객이 떠나 버리는 안타까운 사례가 적지 않다. 그렇다면 고객 충성도가 높은 고객을 획득해 반복 구매 고객, 단골 고객으로 만들기 위해서는 어떻게 해야 할까?

초콜릿 제조사의 '의리 초콜릿 문화를 버리자' 캠페인

2월의 어느 날, 나는 신문 1면 광고를 보고 깜짝 놀랐다.

"일본은 의리 초콜릿 문화를 버리자."

초콜릿 제조사인 고디바의 광고로, 사장의 사인까지 들어가 있었다. 광고에는 이런 메시지가 이어졌다.

> 밸런타인데이가 싫다는 여성들이 있습니다.
>
> 그날이 휴일이면 내심 안도의 한숨을 쉬는 여성들이 있습니다.
>
> 의리 초콜릿을 누구에게 줘야 할지 생각하고 준비하기가 너무나도 힘들기 때문이라고 합니다.
>
> ....
>
> 밸런타인데이를 좋아하게 되기를 바랍니다.
>
> GODIVA

처음에는 '초콜릿 회사가 의리 초콜릿 주는 문화를 버리자고 호소하다니 놀라운데?'라는 생각이 들었지만, 곰곰이 생각해 보니 이것은 실로 주도면밀한 광고였다.

고디바 초콜릿은 한 상자에 1만 엔이 넘는 것도 있다. 진정 마음에 두고 있는 사람에게 주는 초콜릿으로 최상급이다. 단순히 예의상 주는 의리 초콜릿의 용도로 사는 사람은 거의 없다. 만약 의리 초콜릿으로 고디바를 선물한다면 오히려 골치 아픈 상황이 벌어진다. 초콜릿을 받은 남성이 '이 비싼 고디바를 주다니, 혹시 나를 좋아하는 건가?'라고 오해할 수 있기 때문이다. 다시 말해 의리 초콜릿은 값싼 제품이어야 한다. 이렇게 생각하면 의리 초콜릿은 고객의 지갑을 털어가는 고디바의 경쟁자라고 할 수 있다.

요컨대 이 광고가 고객에게 보내는 숨겨진 메시지는 "의리 초콜릿에 돈을 쓰지 말고 그 돈으로 고디바를 사서 진심으로 좋아하는 사람에게 마음을 전하세요"인 것이다.

그런데 이 광고에 대한 유라쿠 제과의 대응이 참으로 훌륭했다. 절대 오해를 살 걱정이 없는 전형적인 의리 초콜릿인 '블랙선더'를 판매하는 유라쿠 제과는 트위터에 이런 트윗을 올렸다.

요즘 어떤 광고가 화제이더군요.(*'ー') 남은 남. 나는 나. 저마다 다르지만 모두 옳지요. 그래서 유라쿠 제과는 변함없이 '평소의 감사를 전하는 계기'로서 의리 초콜릿 문화를 응원합니다.(*'ー')

고디바는 '정말 좋아하는 사람에게 선물할 초콜릿'을 사는 단골 고객에게, 그리고 유라쿠 제과는 '평소의 감사를 전할 목적의 의리 초콜릿'을 사는 단골 고객에게 각각 메시지를 보냈다. 초콜릿 제조사의 밸런타인데이는 '치열한 전쟁터'이기도 한 것이다.

"비싸지만 그래도 이게 좋아"라는 고객을 만들어내려면?

고디바처럼 고객이 '밸런타인데이에는 좋아하는 그 사람에게 최고급 초콜릿으로 내 마음을 전하고 싶어'라고 생각하며 행동하도록 만들려면 어떻게 해야 할까?

딱히 신경 써서 상품을 고르지 않고 브랜드 차이도 잘 모르는 소비자는 '이거나 저거나 다 똑같지 뭐, 싼 걸로 사자'라고 생각한다. 그러나 신경 써서 고르기 시작하고 브랜드 차이도 알게 되면 '비싸지만 그래도 이게 좋아'라고 생각하게 된다.

이 개념을 정리한 것이 아사엘의 구매 행동 유형이다. '신경 써서 상품을 고르는 정도'와 '브랜드 차이의 인식'을 가로축과 세로축으로 놓고 네 가지 유형으로 정리한 것이다. "이거나 저거나 다 똑같으니 싼 걸로 사자"라는 소비자는 신경 써서 상품을 고르는 정도가 낮고 브랜드 차이도 느끼지 못하기 때문에 습관적으로 상품을 구입한다. 한편 "비싸지만 그래도 이게 좋아"라는 고객은 신경 써서 상품을 고르는 정도가 높고 브랜드 차이도 인식한다.

"싼 걸로 사자"라는 고객을 "비싸지만 그래도 이게 좋아"라는 상태로 바꿀 필요가 있는데, 이것은 2단계에 걸쳐 진행된다.

[제1단계] 신경 써서 상품을 고르는 일의 중요성을 소구한다

제1단계는 '싼 걸로 사자'라고 생각하며 습관적으로 상품을 사는

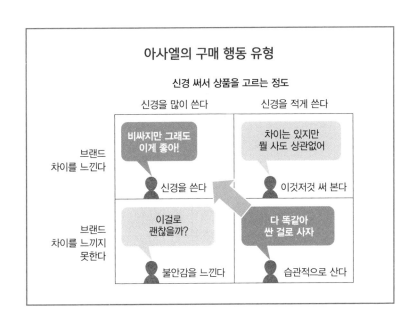

아사엘의 구매 행동 유형

신경 써서 상품을 고르는 정도

신경을 많이 쓴다   신경을 적게 쓴다

브랜드 차이를 느낀다

비싸지만 그래도 이게 좋아!   신경을 쓴다

차이는 있지만 뭘 사도 상관없어   이것저것 써 본다

브랜드 차이를 느끼지 못한다

이걸로 괜찮을까?   불안감을 느낀다

다 똑같아 싼 걸로 사자   습관적으로 산다

소비자에게 '신경 써서 상품을 고르는 일의 중요성'을 이해시키는 것이다. 일본에서 처음으로 "밸런타인데이에 초콜릿을 선물합시다"라고 제창한 곳은 도쿄 오타 구의 메리초콜릿 컴퍼니라고 한다. 그리고 이것이 업계 전체로 확대되어서 여성들이 '밸런타인데이는 특별한 날 마음에 두고 있는 그 사람에게 초콜릿을 선물할 기회'라고 생각하게 되었다. 이렇게 되면 초콜릿을 고르는 단계에서 '이걸로 괜찮을까?'라고 생각하게 된다.

앞에서 소개한 드비어스의 '결혼반지의 적정 가격은 월급 3개월분'도 마찬가지다. 그 덕분에 결혼반지를 고를 때 '이 반지로 괜찮을까?'라고 생각하게 되었다.

이와 같이 먼저 고객에게 '신경 써서 상품을 고르는 일'의 중요성

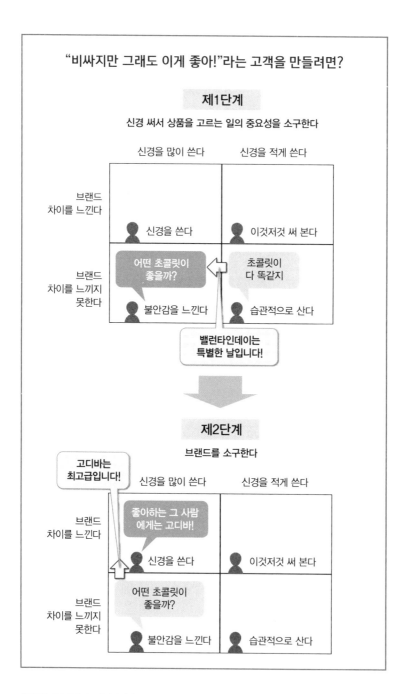

을 이해하게 만든다.

[제2단계] 브랜드를 소구한다

그리고 소비자가 '이 상품으로 괜찮을까?'라고 생각하게 된 단계에 자신의 상품을 어필해서 브랜드 차이를 의식하도록 유도한다. 예를 들어 고디바는 "밸런타인데이를 좋아하게 되기를 바랍니다. GODIVA"라는 광고를 냄으로써 좋아하는 사람에게 최고급 초콜릿을 선물하자고 제안했다. 이와 같이 소비자에게 신경 써서 상품을 고를 필요성과 브랜드 차이를 소구하고 팬이 된 고객의 고객 충성도를 높이면 브랜드 가치도 높아진다.

우리 회사의 브랜드를 문신으로 새긴 고객이 있는가?

'브랜드(brand)'의 어원은 '낙인(burned)'이라고 한다. 소를 방목하는 공간은 넓다. 그래서 소를 키우는 사람은 자신의 소와 다른 소를 구별하기 위해 소 엉덩이에 낙인을 찍었다. 여기에서 유래해 다른 회사와 구별하는 표식을 '브랜드'라고 부르게 되었다는 것이다.

마이센 등의 도기에도 표식이 있다. 이 표식은 원래 가짜와 구별하고 품질을 보증하기 위해 찍었던 것이다. 즉, 브랜드는 안심·안전·품질의 상징이다. 고디바의 브랜드 역시 '이것을 고르면 틀림없다'라고 보증해 준다.

그러나 아무리 기업이 돈을 들여서 멋지고 예쁜 상표를 만들어도 고객이 신용하지 않는다면 그 상표는 브랜드가 되지 않는다. 브랜드는 '고객의 신용'인 것이다. 강력한 브랜드는 고객이 자신의 마음속에 만드는 것이다. 앞에서 브랜드의 어원은 낙인이라고 했는데, 고객 충성도가 높은 고객의 마음속에는 브랜드라는 '믿음의 낙인'이 찍혀 있다.

고객 충성도가 더욱 높아지면 광신적인 브랜드 신자가 된다. 모터사이클 브랜드인 할리데이비슨에는 광신적인 브랜드 신자가 많다. 엔진음은 독특한 3박자이고 엔진의 진동도 크지만, 열광적인 팬들은 '이래야 할리데이비슨이지!'라고 믿는다.

그런 할리데이비슨은 '세계에서 가장 문신이 많은 브랜드'로 불린다. '낙인' 대신 '문신'이다. 혹 여러분 회사의 로고를 문신으로 새긴 고객이 있는가? 할리데이비슨은 그런 고객을 수없이 보유하고 있다. 이런 브랜드는 달리 찾아볼 수가 없다. 그래서 할리데이비슨 마니아는 아무리 가격이 비싸도 다른 모터사이클로 갈아타지 않는다.

이렇게까지 높은 고객 충성도를 실현할 수 있다면 가장 이상적일 것이다. 그러나 이런 엄청난 수준이 아니라도 상관없다. 예를 들면 무슨 일이 생겼을 때 상대가 '이 일은 그 사람에게 부탁하자', '그 사람이 아니면 못할 거야'라며 여러분을 떠올린다면 여러분은 훌륭한 개인 브랜드를 확립한 것이다.

중요한 것은 일관성

앞에서 "희소성이 중요하다"라고 말했다. 희소성이 있으면 높은 가치를 느낀 고객은 비싼 가격에 구입한다. 그러나 희소성만으로는 한계도 있다. 일시적으로 높은 희소성을 갖추더라도 그것이 비싸게 팔림을 알게 되면 반드시 경쟁자가 모방하게 된다. 그리고 희소성이 사라진 순간 가격경쟁 위기에 노출된다.

가격경쟁을 피하려면 고객 충성도가 높은 고객을 소중히 여겨야 한다. 고객 충성도가 높은 고객은 가격을 그다지 신경 쓰지 않는다. 높은 가치가 더 중요하다고 생각하기 때문에 어지간해서는 외도를 하지 않는다. 그러므로 파는 쪽도 고객에게 지속적으로 높은 가치를 제공할 방법을 연구해야 한다. 당장의 매출 확대를 노리고 안일하게 가격을 내려서는 안 된다.

자신을 상품이라고 생각하는 마쓰자키 시게루는 고객들이 자신에게 어떤 기대를 하는지 잘 알고 있기에 항상 태닝 머신으로 피부를 태우고 고객중심주의를 철저히 추구함으로써 팬들의 기대를 배신하지 않는다. 고객 충성도를 높여서 높은 브랜드 가치를 만들어내기 위해서는 일관성 있는 상품과 서비스로 고객의 기대를 절대 배신하지 말아야 하는 것이다.

안일하게 가격을 내리면 브랜드 가치는
땅에 떨어진다.
단골 고객이야말로 보물이다.
신용을 지키며 브랜드를 성장시켜라.

- 마쓰자키 시게루에게서 고객 충성도와 브랜드를 배우자
- 고객 충성도가 높은 고객은 가격을 기준으로 상품을 고르지 않는다
- 아사엘의 구매 행동 유형을 이해하고 신경 써서 상품을 고르는 일의 중요성을 소구한 다음 브랜드를 소구하자
- 고객의 마음속에 브랜드라는 신용을 키우자

수돗물을 생수병에 담으면
얼마에 팔 수 있을까?

초판 1쇄 발행 2019년 6월 26일
지은이 나가이 다카히사   옮긴이 김정환
펴낸이 김영범

펴낸곳 (주)북새통·토트출판사
주소 서울특별시 마포구 월드컵로36길 18 삼라마이다스 902호
대표전화 02-338-0117
팩스 02-338-7160
출판등록 2009년 3월 19일 제 315-2009-000018호
이메일 thothbook@naver.com

©Takahisa NAGAI, 2018
ISBN 979-11-87444-38-1 13320